Johann Amos Comenius, Joseph Reber

Des Johann Amos Comenius Lebensregeln (Regulae vitae)

Mit einem einleitenden Berichte über des Comenius Aufenthalt und Tätigkeit in

Elbing vom Jahre 1642-1648

Johann Amos Comenius, Joseph Reber

Des Johann Amos Comenius Lebensregeln (Regulae vitae)
Mit einem einleitenden Berichte über des Comenius Aufenthalt und Tätigkeit in Elbing vom Jahre 1642-1648

ISBN/EAN: 9783743484078

Hergestellt in Europa, USA, Kanada, Australien, Japan

Cover: Foto ©Lupo / pixelio.de

Manufactured and distributed by brebook publishing software (www.brebook.com)

Johann Amos Comenius, Joseph Reber

Des Johann Amos Comenius Lebensregeln (Regulae vitae)

Des

Johann Amos Comenius

Lebensregeln

(Regulae vitae)

mit einem einleitenden Berichte

über des Comenius Aufenthalt und Thätigkeit

in Elbing

vom Jahre 1642—1648

herausgegeben von

Dr. Joseph Reßer

Kgl. Direktor der höh. weibl. Bildungsanstalt.

Aschaffenburg.
Wailandt'sche Druckerei Act.-Ges.
1894.

Des

Johann Amos Comenius

Lebensregeln

(Regulae vitae)

mit einem einleitenden Berichte

über des Comenius Aufenthalt und Thätigkeit
in Elbing

vom Jahre 1642—1648

herausgegeben von

Dr. Joseph Reber

Kgl. Direktor der höh. weibl. Bildungsanstalt.

— ❦ —

Aschaffenburg.

Wailandt'sche Druckerei Act.-Ges.

1894.

Von den vielen Episoden, die das an Erfahrungen wie an Werken so reiche Wanderleben des großen Pädagogen Comenius uns aufweist, zählt sein sechsjähriger Aufenthalt in Elbing nicht zu den angenehmsten. Zwar schien es, als ob Muße zur größten pädagogischen Arbeit, die der Umgestaltung des bisherigen Sprachunterrichts, namentlich des der lateinischen Sprache gewidmet sein sollte, ihm reichlich gegönnt wäre, da Louis de Geer, der vormalige Amsterdamer Patrizier und nunmehrige schwedische Edle, Erbherr von Finspong, mit reicher Hand ihm die Mittel zu dieser Arbeit zu gewähren versprach. Nachdem seine Berufung nach England zur Gründung eines pansophischen Kollegiums und der Herausgabe eines großen encyklopädischen Werkes, das das gesamte Wissen damaliger Zeit umfassen sollte, infolge der auf England's Boden beginnenden politischen Wirren gescheitert war, hatte Comenius nicht ungern sich nach Schweden zu seinem neuen Gönner begeben. Dort sprach er in zwei Tagen den großen Kanzler des Reiches, der die Regierung während der Vormundschaft der Königin Christina führte, er lernte den Leiter der geistlichen Angelegenheiten Schwedens, den Erzieher der Königin, den nachmaligen Bischof von Stagnäs, Johann Matthiä kennen, dem er seine theologischen Anschauungen eingehend mitteilte. Auch den Kanzler der Universität Upsala, den berühmten Johann Skytte, zählte er zu den Personen, die mit ihm persönlich bekannt wurden. Comenius muß rasch das Vertrauen der politischen und der geistlichen Berater der Königin gefunden haben, da er zwei Hamburger Gelehrte Junge und Tasse — der letztere war Professor der Mathematik — dem Reichskanzler und dem Universitätskanzler empfahl, sie in Upsala oder in Greifswalde als Universitätsprofessoren anzustellen.

Eine neue Persönlichkeit erscheint außerdem in seinem Briefwechsel. Es ist der Herr Hans von Wolzogen, der Agent der schwedischen Regierung, namentlich des Kanzlers und des Bischofes Matthiä, aber auch der Vermittler der Wünsche des Louis de Geer an Comenius, ein Geschäftsmann und ein Politiker zu gleicher Zeit. Er scheint besonders häufig in Norköping, wo Louis de Geer sicherlich ein Haus besaß, Aufenthalt genommen zu haben. Seine Stellung zu de Geer war, obwohl er kein Geistlicher war, eine ähnliche wie die des Hotton, des Hauskaplans der Familie de Geer in Amsterdam. Während die Korrespondenz mit Comenius in lateinischer Sprache geführt wurde, pflegte er mit de Geer, dem ehemaligen französischen Reformierten aus der Gegend von Lüttich, dieselbe in französischer Sprache. Es ist unfraglich, daß er vom niederen Adel war, da ihn Comenius schon in seinem ersten Briefe als Illustris

1*

et Generosus Domine et Fautor, als erlauchten und edlen Herrn und Gönner anredet; in einem späteren Briefe als Nobilissimus Vir, Dominus; am 1. November des Jahres 1647 aber wird er als Nobilissimus et strenus Eques, Dominus Johannes a Wolzogen bezeichnet. Ob er während dieser Zeit in den Ritterstand erhoben wurde, wissen wir nicht. Daß er von deutscher Abkunft, wahrscheinlich aus dem Ostseegebiete, aus dem damals unter schwedischer Verwaltung stehenden Pommern war, besagt schon sein Name. Wäre er seiner Geburt nach kein Deutscher gewesen, so hätte gewiß nicht Comenius in einem Briefe an ihn, worin er sich für Louis de Geer's Sendung von wallonischen Dukaten bedankt, mitten unter den lateinischen Text seines Briefes die deutschen Worte „ist zwar meistenteils gegessen Brot" einfließen lassen. Kennen gelernt hat ihn Comenius auf schwedischem Boden, ohne Zweifel durch Louis de Geer selbst, wahrscheinlich in Norköping, als sich vor seiner Abreise nach Elbing der Pädagoge in dem genannten Orte drei Tage lang, vermutlich in dessen Wohnung, aufhielt. Der Briefwechsel zwischen Comenius und dem Ritter von Wolzogen dauerte von Oktober 1642 bis zum Januar 1650. Nach dieser Zeit scheint kein Brief mehr zwischen ihnen vorhanden zu sein, wie überhaupt des Comenius Korrespondenz mit seinen schwedischen Freunden und Gönnern abbricht, da diese in den westfälischen Friedensschlüssen seine Hoffnung zu Gunsten der Anerkennung der mährischen Brüder als einer geduldeten Religionsgesellschaft so sehr enttäuscht hatten. Vielleicht wird eine spätere Forschung diesen Hans von Wolzogen, der einen Namen trägt, der uns seit den Tagen Schiller's so vertraut klingt, in helleres Licht setzen. Vielleicht war er einige Zeit sogar Beamter der schwedischen Regierung selbst, da die Bemerkung eines Briefes des Comenius Generoso Domino Wolzogenio nihil scribo quia ad suam reversum provinciam (wozu als Note noch Finspongam) steht, darauf schließen lassen könnte. Aber gerade in Finspong lagen das Herrenhaus und die Hüttenwerke de Geer's, so daß er vielleicht als schwedischer Konsulent in den Angelegenheiten de Geer's gelten mag. Einem Briefe Wolzogen's an de Geer zufolge hatte Wolzogen einen Vetter in Polen. Unter diesem Polen wird aber sicher nur das damalige Westpreußen gemeint sein können. Daß er zugleich mit dem älteren Freunde des Pädagogen, mit Hartlib, zu dem künftigen Aufenthaltsorte des Comenius, zu Elbing riet, erscheint ebenfalls wahrscheinlich.

Des Comenius Reise aus Schweden war über Norköping, Barsund nach Danzig gegangen. Von hier begab er sich nach dem nahen Elbing, wo er anfangs Oktober 1642 eintraf und für sich und seine Familie ein Haus mietete. Die Stadt stand gleich den übrigen Städten Westpreußens nur unter polnischer Oberhoheit, ähnlich den deutschen Reichsstädten dem Kaiser gegenüber, und erfreute sich so dem Polenkönig gegenüber großer Selbständigkeit, so daß sie selbst ihre politischen und religiösen Angelegenheiten verwaltete. Die Reformation hatte, seit das Haus Wasa, obwohl der polnische Zweig dieses Hauses katholisch geblieben war, den polnischen Thron einnahm, in diesen Städten bedeutende Fortschritte gemacht, doch stritten sich in denselben die lutherische und die reformierte

Kirche oft sehr erbittert um die Herrschaft. Da auch ein erheblicher Theil der Bevölkerung katholisch geblieben war, so läßt sich denken, daß es an religiösen Reibungen nicht fehlte, während die polnischen Könige schon im eigenen Interesse einen Ausgleich dieser religiös-politischen Kämpfe, namentlich geschah dies während der Regierungszeit des Königs Wladislaus, dringend wünschten und deshalb Mitglieder der einzelnen Religionsgenossenschaften zu einigenden Religionsgesprächen beriefen. Da nach der Vertreibung der Akatholiken aus Böhmen und Mähren seit 1623 auch ein sehr großer Theil der mährischen Brüder nach Polen gezogen war, wo sie in Lissa ihren Hauptsitz aufschlagen durften, so kam noch eine vierte Religionsgenossenschaft hinzu, und wenn auch noch nicht ihr Bischof, so war Comenius, als er nach Elbing kam, doch bereits das geistige Haupt der Brüderschaft. Diese seine leitende Stellung aber brachte ihm gerade der Unannehmlichkeiten viele, und zwar um so mehr, je mehr er inmitten der streitenden Parteien ein Mann des Friedens war.

Seine religiöse Stellung war eine ganz bestimmte. Für ihn waren die Evangelien, die apostolischen Briefe und die Bücher des alten Testamentes, sowie das apostolische Glaubensbekenntnis die Richtschnur des Glaubens; unerschütterlich stand er auf diesem Grunde. Wer ihm die Gottheit Christi oder die Trinität — und es ist merkwürdig, diese Trinität findet er auch in natürlichen Dingen, weshalb er fast immer zur Dreiteilung kommt — leugnete, der galt ihm als kein Christ. Deshalb hat er in mehreren Schriften die Socinianer — denn auch diese jüngste Sekte hatte gerade in Polen Verbreitung gefunden — so entschieden in ihren Anschauungen bekämpft, ja diesen Kampf in Amsterdam nochmals erneuert. An dem Glauben auf das Wort der heiligen Schrift hielt er so strenge fest, daß ihm das Copernikanische Weltsystem als ungeheuerlich, „monstrosus" erschien. Deshalb war er auch ein ausgesprochener Gegner Galileis, dem gegenüber er in seinem kosmischen Systeme, an der Bewegung der Sonne um die Erde festhielt. Comenius war mit den Schriften aller Kirchenväter und Kirchenlehrer bekannt, nicht blos, wie es erklärlich erscheinen mag, mit den Schriften des heiligen Augustinus, den er als Ecclesiasticus Sriptor inter Patres primarius bezeichnet. Comenius kannte und ehrte die Schriften eines Chrysostomus, Gregor von Nazianz, Tertullian, Ambrosius, Hieronymus, Basilius, eines heiligen Bernhard, selbst eines heiligen Thomas von Aquin, dessen Wort er zu dem seinen macht. In vieler Beziehung stand er dem katholischen Glauben nahe, näher als es vielleicht der Mehrzahl seiner Verehrer bekannt ist. Am deutlichsten erhellt dies aus der von ihm später in Amsterdam in verkürztem Auszuge veranstalteten Herausgabe der Schrift eines Theologen des fünfzehnten Jahrhunderts, des Raymund von Sabunde *) „Oculus Fidei, Theologia Naturalis sive Liber Creaturarum specialiter de Homine et Natura," die den christlichen

---

*) Eine genaue Schilderung der Schrift Sabunde's findet sich, von Eduard Jörg verfaßt, in Wetzer und Welte's Kirchenlexikon. Jörg schreibt am Schlusse seiner Kritik: Dennoch bleibt Raymund's Werk immerhin als feine, in einzelnen Partien wahrhaft unübertroffene Bearbeitung des scholastischen Stoffes höchst merkwürdig.

Glauben auch aus den Schöpfungen der Natur zu erweisen sucht, und von
Rom aus nur an einer einzigen Stelle war beanstandet worden. Wie
Comenius in dieser Neuausgabe, die er einem socinianischen Ärzte Daniel
Zwicker zu seiner Belehrung und Bekehrung widmet, es ausspricht, war
er dreißig Jahre lang Gegner der Socinianer, dieser Leugner der Gottheit
Christi. In der Vorrede zu dieser Schrift spricht Comenius, der sich
an alle Nationen, an alle Christen wendet, auch zu den Protestanten,
wörtlich: „Auch Ihr Protestanten oder Evangelische merkt in gleicher
Weise auf. Seht ihr nicht, wie euer Licht euch die Augen verdunkelt
hat, daß ihr wohl die Geheimnisse des Evangeliums habt, sie jedoch nicht
versteht: oder daß ihr sie geradezu unvernünftig und verkehrt versteht,
indem ihr Christus, den Erlöser von der Sünde, zum Diener derselben
macht (Gal. II, 17). Denn daß dies euer Volk thut und von den falschen
Dienern des Evangeliums darin bestärkt wird, dafür ist Gott Zeuge.
Und es wagen einige von euch (ja ganze Hochschulen) die widersinnigste
Frage (ob die guten Werke notwendig sind zum Heile) in öffentlichen
Disputationen und geschriebenen Büchern zu behandeln und die Verneinung
derselben wider die Forderungen der Vernunft zur Schmach des Evan=
geliums und des Christentums, ja Christi selbst zu verkündigen." Und
zu der Bemerkung des Sabunde: „Aber weil die katholische Kirche die
Mutter aller gläubigen Christen ist, so soll ihrer Zensur und Verbesserung
all das, was wir hierüber der Oeffentlichkeit übergeben, unterworfen sein"
fügt Comenius seine eigene in folgender Weise hinzu: „Der Zensur der
Römisch-katholischen Kirche, deren Glied unser Schriftsteller war, unter=
wirft sich derselbe mit seiner Schrift. Ganz mit Recht gegenüber jener
anderwärts herrschenden Sitte, wornach keiner auf den andern merkt. Es
ist Vorschrift des heiligen Geistes, daß die Geister der Propheten sich den
Propheten unterwerfen müssen (Korinth., XIV, 32). Weil für uns aber
der Name und die Geltung der katholischen Kirche eine weitere Aus=
dehnung hat, so überlassen wir der ganzen allgemein katholischen Kirche
(catholico-catholicae ecclesiae) das Recht gegenüber dieser unserer
ausgezogenen Schrift." Geradezu bewunderungswürdig aber ist des Co=
menius Kenntnis all der theologischen Schriften früherer und seiner Zeit,
wie wir überhaupt über die Fülle seines Gedächtnisses uns staunen müssen,
denn es ist nicht zu viel gesagt, daß er den Text der Vulgata des alten
und neuen Testamentes vollständig auswendig kannte.

Diese seine theologische Stellung machte ihm aber gerade den Aufent=
halt in Elbing, überhaupt in Polen, nicht leicht. Den Lutheranern galt
er, wie überhaupt die mährischen Brüder, als den Reformierten und
Calvinisten zu nahe stehend. Es fehlte auch nicht an Versuchen, ihn den
Katholiken — er nennt diese in der Regel Pontificii — zu gewinnen,
worüber er selbst, als er sich auf kurze Zeit in dem Elbing benachbarten
Danzig aufhielt, berichtet. Es war der Pastor Primarius der Reformierten
in Danzig, Bartholomäus Nigrinus, den er sich als Mitarbeiter gewinnen
wollte, der, früher ein eifriger Sachwalter der Vereinigung aller christ=
lichen Konfessionen in Polen, zuletzt seine Stellung in Danzig niederlegte,
sich in Elbing niederließ und zur katholischen Kirche übertrat. Er hatte

sich ein eignes Haus dort anfangs Oktober 1642 um 6000 Gulden ge=
kauft und vier Studierende bei sich, die ihn in seinen Arbeiten unter=
stützen sollten. Die allgemeine Meinung ging dahin, daß er vom polnischen
Könige reichlich mit Geldern versehen worden sei, um eine Aussöhnung der
Katholiken mit den Protestanten zu bewerkstelligen. Von ihm schreibt
Comenius bereits im April 1643: „Jener Mensch, von dem zumeist meine
Versuchungen ihren Ursprung hatten ꝛc., ist zu den Päpstlichen über=
getreten. Nachdem er seine Stellung in Danzig aufgegeben hatte, hatte
er sich in Elbing niedergelassen, woher jene lästigen Reibungen kamen.
Aber es war gut, daß er endlich seine geheimen Nachstellungen aufgab
und sich offen als feindlicher Anstifter gezeigt hat." Wir wissen aber
auch aus einem zweiten Briefe des Comenius an L. de Geer von der=
artigen Versuchen, ihn seinem Patron zu entfremden, wenn er ihm im
Jahre 1644 schreibt: „Man muß aus freien Stücken Gott dienen, der,
wenn er sieht, daß wir nichts anderes suchen als das Reich Gottes und
seine Gerechtigkeit, das übrige, woher es immer sein mag, hinzufügen wird.
Doch möchte ich nicht lieber nächst Gott von irgend jemandem andern als
von Dir abhängen, obschon von anderer Seite Berufungen und Hoffnungen
und auch andere Versuchungen herangetreten sind." Wohl schreibt er selbst
von einer solchen Berufung nach Ungarn, d. h. nach Siebenbürgen, schon
im Jahre 1643, um dort den abgegangenen Alstedt zu ersetzen und die
Schulen zu reformieren, eine Berufung, die später bekanntlich erneuert
wurde und auch Erfolg hatte. Der polnische Fürst Radziwill, dessen
Familie damals noch protestantisch war, und dessen Söhne erst nach der
Verdrängung des Rivalen und Gegners des polnischen Königs Kasimir,
des schwedischen Königs Gustav aus Polen, zur katholischen Kirche über=
traten, lud ihn ein, zu sich zu kommen und versprach, den vierten Theil
seiner Einkünfte für dessen pansophische Studien zu verwenden. Und gleich
Radziwill waren andere evangelische polnische Magnaten mit ähnlichen
Ansinnen an ihn herangetreten. Doch werden diese „anderen" Versuchungen
zumeist auf verlockende Anträge, seinen Glauben zu wechseln, zu beziehen
sein. Aber nicht blos die religiösen Verhältnisse in Polen haben seine
Thätigkeit in Anspruch genommen, sein Auge war auch auf den von so
vielen erwarteten Frieden in Deutschland gerichtet. Sein Bestreben war,
auf deutschem Boden seinen Glaubensgenossen ein wenn auch bescheidenes
Plätzchen zu sichern. Zu diesem Zwecke verfaßte er in wenigen Wochen
eine kleine Schrift Hypomnemata de reconciliatione Dissidentium,
„Bemerkungen über die Wiedervereinigung der Andersgläubigen", welche er
dem schwedischen Bischof Johann Matthiä schickte. Comenius hatte gehört,
daß der schwedische Gesandte in Paris, der kein geringerer als der Be=
gründer des europäischen Völkerrechtes, der Holländer Hugo Grotius war,
vom Könige Frankreichs wie von der französischen Regierung als schwedisch=
französischer Gesandter zum Friedenskongresse nach Osnabrück abgeordnet
werde. Keinem geringern als diesem wollte er seine Schrift mitgeteilt
wissen, doch hatte Comenius keine Ahnung, daß den Rechtsgelehrten schon
im Jahre 1645 ein rascher Tod ereilen werde. In der erwähnten Schrift
wurden von Comenius nach eigenem Geständnisse „die Ursachen der Zer=

würfnisse abgeschwächt, die Mängel der Gegner milde behandelt, die Unsrigen sogar beschuldigt (denn gerecht ist der Ankläger seiner selbst), damit so gleichsam auf beiden Seiten Schuldige und auf beiden Seiten Entschuldbare (sofern sie mit Beiseitelegung der Leidenschaft zur Erkenntnis der ganzen Sachlage kommen könnten) mit durchweg nicht unvorbereiteten Gemütern, gegenseitige Beleidigungen zu verzeihen, kommen möchten."

Damit war seine Thätigkeit auf dem Gebiete der Religionsfragen noch nicht erschöpft. Sein Aufenthalt in England hatte ihn auch mit den religiösen Streitigkeiten auf dem Boden Englands, die damals durch die Dissenter und Puritaner besonders zu einem Ansturm auf die verhältnismäßig junge anglikanische Hochkirche geworden waren, vertraut gemacht. Auch hier entsprach seiner friedlichen Natur eine vermittelnde Stellung. Es schmerzte ihn schon damals, daß bei einem religiösen Pöbelexzesse ein herrliches Glasgemälde, für das der spanische Gesandte umsonst 16000 Thaler geboten hatte, für immer zerstört wurde. Aus seinen Worten sprach Mitleid mit dem eingekerkerten Erzbischofe Laud. Mit seinen englischen Freunden Hartlib und Dqurûs blieb aber auch während seines Aufenthalts in Elbing der Verkehr ein reger. Denn gerade diese beiden waren Freunde der Einigung aller Protestanten in allen Ländern, weshalb er auch Hartlib „als ein geborenes und geschaffenes Werkzeug Gottes, die Geister zu schärfen und aneinanderzukitten" nannte. Aber nach Elbing sandte auch ein hoher englischer Adeliger, kein geringerer als Lord Herbert of Cherbery, ein ehemaliger Schüler Oxfords und Gesandter in Paris, seine beiden theologischen Traktate: „De veritate prout distinguiter a Revelatione veresimili, possibili et falsa" „Von der Wahrheit, wie sie sich von der wahrscheinlichen, möglichen und von der falschen Offenbarung unterscheidet" und de Causis Errorum, um ein Urteil des Comenius zu erbitten.

Wohl hatte Comenius selbst den größten Eifer, eine Vereinigung aller Christen zu erzielen, aber er war sich bald der Nutzlosigkeit dieser irenischen Bestrebungen bewußt. Zu einem Religionsgespräch in Thorn, zu dem in Orla von Seite der Protestanten Vorbesprechungen abgehalten wurden, waren große Vorbereitungen getroffen, da selbst König Wladislaw große Hoffnung darauf gesetzt hatte. Dies veranlaßte Comenius zu einem weitläufigen Briefwechsel und zu mehrfachen Reisen. Aber wenig aussichtsvoll schienen die Verhandlungen zu diesem Kolloquium, das als charitativum bezeichnet wurde, zu sein. In Danzig donnerten die lutherischen Pastoren Botsack, und Calovius von der Kanzel gegen die Calvinisten, „sie seien ein Vipergeschlecht ruchloser und auch verstockter Gotteslästerer, die des Verkehrs mit Guten nicht wert seien, Sündiger gegen den heiligen Geist!" und zwar ereiferten sie sich, wie Comenius bemerkt, so sehr, weil sie bei den nahen Ratswahlen keinen Calvinisten im Rate sehen wollten. Auch in einem öffentlichen Vortrage sprach Calovius von der Unmöglichkeit einer Vereinigung der Religionsgesellschaften und Botsack äußerte, „die böhmischen Brüder hätten zwar die Freundschaft mit den Lutheranern gesucht, Comenius sei aber ins Lager des Calvin gelaufen und betreibe die Sache des Calvinismus; seine ganze pansophische und didaktische Thätigkeit bezwecke nur eine heimliche Förderung des Calvinismus." Kann es da Wunder nehmen, wenn Comenius in die bekannten Worte ausbrach: „Gingen doch die Sekten zu grunde, gingen zu grunde die Gönner und Förderer der Sekten. Christus habe ich mich zu eigen gegeben, ihm allein, den der Vater als Licht den Völkern gab, damit er Gottes Heil sei bis zu den Grenzen der Erde, er, der die Sekten nicht kennt, sondern haßt, der den Seinen Frieden und gegenseitige Liebe zum Testamente gab und sie ein Zeichen sein lassen wollte, woran man die Seinen erkenne. Wer dies nicht weiß oder nicht beachtet, der zeigt wenig, daß er ein Schüler des gemeinsamen Meisters ist. Kurz, wir müssen mit Christus beten: Vater, verzeihe ihnen, denn sie wissen nicht, was sie thun. Unterdessen entflammt ein solch rücksichtsloser Eifer jener, die die Geheimnisse der Liebe geradezu nicht zu kennen scheinen, in mir das Feuer der Liebe, so daß ich daran denke, soferne auf irgend eine Weise durch Gott und die Vernunft es sich erreichen läßt, wie sie zu sich wieder kommen können." Zu gleicher Zeit schmerzte ihn aus England die Nachricht, daß in der vom Parlamente veranlaßten Konvokation der Bischöfe in London, die einen Erzbischof Usher von Dublin zum Austritte zwang, der Geist der Versöhnlichkeit sich vermissen ließ. Er fügt die Worte bei: „Man möchte beten, daß Gott nicht jene verläßt, denen es gefällt, lieber Feindseligkeit gegen Andersmeinende zu üben, als Liebe und gegenseitige Duldung, denn einen solchen Weg hat auch nicht Christus gelehrt. Auch als ich dort war, habe ich bei manchen von ihnen meine Stimme erhoben, daß mir die Gewaltthätigkeit mißfiele, aber vergeblich. Sie glauben, ihnen gelte das Gebot: Gebt es ihnen doppelt zurück. Ich bitte Gott, daß er jenen, uns, den andern den Geist des Friedens einflöße. Insonderheit möge er aber die heiligen Friedensabsichten unseres frommen Königs fördern, damit Zwietracht, des Teufels Werk, endlich, endlich, endlich entweder ganz gehoben, oder sowohl bei uns, den übrigen zum Beispiel, als auch anderswo beschränkt werde. Aber, so süß es für alle guten und friedliebenden Gemüter zu wünschen und von Gottes Barmherzigkeit zu hoffen ist, ebenso wahr ist dies, daß wegen der Bosheit des Satans und teils wegen der menschlichen Unbedachtsamkeit, teils wegen ihrer Hartnäckigkeit, wodurch bald da- bald dorthin in tausendfacher Weise die Gemüter hin- und hergezogen und auch gegen gute Ratschläge verhärtet werden, die vorgefaßten Meinungen von einer so süßen Hoffnung verdrängt werden." Auch in diesen Zeilen befürchtet Comenius ein Scheitern der Union durch die Bekenner der Augustanischen Konfession; trotzdem, fährt er fort „solle man nichts unversucht lassen, wodurch Hoffnung besteht, ihre von der Liebe zum Hasse, von der Friedensabsicht zum ewigen Kriege verkehrten Gemüter zu mäßigeren Beschlüssen zurückführen zu können. Wenn sie es doch nicht wollen, dann wird Gott Zeuge sein, auch die Nachwelt, ebenso wird die gegenwärtige Kirche, vor deren Augen wir zu diesem so leuchtenden Schauspiel feierlich herbeigezogen werden, es wohl wissen, bei wem die Schuld des Schismas gelegen ist und liegt."

Waren schon die protestantischen Religionsparteien so wenig einig, so war von Seite der Katholiken eine Einigung mit den Protestanten noch weniger zu erwarten. Wie die verschiedenen protestantischen Konfessionen zu Vorbesprechungen in Orla allerdings mit sehr geringen Hoffnungen auf Einigung zusammengekommen waren, da namentlich die Lutheraner von Danzig und Königsberg wenig entgegenkommend sich zeigten, so hatten die Katholiken Polens eine gemeinsame Vorbesprechung um Ostern 1645 in Krakau, wie Comenius an Hotton in Amsterdam berichtet. Sie hatten zwölf Redner ausgewählt, denen ebenso viele Beistände beigegeben wurden, und diese übten sich daselbst, alle theologischen Streitschriften, deren damals in Polen viele erschienen, kennen zu lernen. Daß sie einheitlicher auf den Kampfplatz traten, war klar, daß sie kommen sollten, um ihrer Sache zum ausschließlichen Siege zu verhelfen, dazu lag auch die Aufforderung des jüngst gewählten Papstes Innocenz X. vor. Das große für den (18.) 28. August 1645 auf drei Monate einberufene Kolloquium (als Colloquium charitativum, „Gespräch in Liebe", war es bezeichnet) der christlichen Konfessionen in Thorn fand ohne Erfolg statt, wie es Comenius, der nicht gerne und nicht gleich am Anfange dorthin gegangen war, berichtet. Die Katholiken erklärten, eine Einigung sei unmöglich, da sie keinen ihrer Glaubenssätze preisgeben wollten. Comenius wiederholte bei der Nachricht hiervon die Worte des Engländers Hall:[*] Irreconciliabilis est Roma, quia irreformabilis. Da er auch aus London neuerdings Nachricht erhielt, daß die vom Parlamente berufene Synode in London eine neue Reformation plane, äußert er: „Wenn Wünsche am Platze wären, so wünschte ich, daß man jene partikularen Reformationen dieser oder jener Kirche, dieses oder jenes Reiches unterlasse und vielmehr darauf ausgehe, daß entweder ein allgemeines Konzil aller christlichen Reiche oder wenigstens ein freies Konzil zusammenkomme." Und in einem Briefe an den schwedischen Bischof Johann Matthiä schreibt er im Oktober 1645 bereits wieder aus Elbing:

„Von dem Kolloquium zu Thorn viel zu schreiben, habe ich weder Zeit noch Lust, indem ich bereits der Wirren satt habe. Die Absicht des frommen und weisen Königs war gut und die Anordnung vorsichtig, die er in seiner an die Versammelten erlassenen Anweisung ausdrückte, die ich im Druck mitteile. Aber an dem Gegenstande lag der Fehler, daß sich kein Erfolg hoffen ließ. Denn die Päpstlichen kämpften nicht für Wahrheit, sondern für ihre Autorität, und die Sache kam dahin, daß nach einigem nutzlosen Gezänke von so vielen Wochen wir den Abbruch erwarten, denn dies suchen sie, ihrer Sache mißtrauend, mit Sorgfalt, indem sie nur nach Gründen oder äußerem Scheine haschen, damit nicht der Vorwurf des Abbruches des Kolloquiums an ihnen hängen bleibt, damit es nicht scheint, als ob sie, die Berufer, zuerst das Feld geräumt haben. Doch unser Gott ist weise, kundig, etwas Besseres daraus zu entlocken, als wir uns denken können; was ich hierüber vermute, möchte ich mündlich lieber äußern! Gewiß hoffe ich etwas gewonnen zu haben durch die Betrachtung, wo der Angelpunkt der Frage der Sterblichen ruht,

---

[*] Es ist der anglikanische Bischof von Norwich, Joseph Hall, geb. 1574, gest. 1656. Er war Prosaschriftsteller und Dichter zu gleicher Zeit und wurde wegen seines Sentenzenreichtums der Englische Seneka genannt.

weil so die Sterblichen geradezu zu keiner Harmonie unter sich oder mit den Dingen gebracht werden können".

Trotzdem war und blieb Comenius stets ein Feind politischer Verfolgung um des Glaubens willen. Das spricht er seinem Freunde Hartlib im Dezember 1646 ganz offen aus, als ihm dieser ein in England erschienenes Buch von einem gewissem Thomas Edward übersandte. Dies Buch, „Gangraena", d. h. Krebsgeschwür betitelt, behandelte die religiösen Zwistigkeiten auf englischem Boden, worin die Staatshilfe gegen Andersgläubige angerufen war. Des Comenius Urteil lautet hierüber: „Wahrlich ich lobte wiederum Gott, daß er Männer erwecke, die sich treue Mühe geben, die Ungeheuer an das Licht zu ziehen und zu bändigen, aber diese Freude fühlte ich allmälig in mir erlöschen, als mir zwar der Eifer des trefflichen Mannes Edward nicht mißfallen konnte, ich jedoch Einsicht bei jenem Eifer vermißt sah. Denn daß er gegen die anwachsenden Häresien den weltlichen Arm anruft und ihn mit so großem Eifer auffordert, dem Uebel entgegenzutreten, was soll dies? Ist der Irrtum der Gemüter nicht eine geistige Krankheit? ein wie hiefür angemessenes Heilmittel wird also äußere Gewalt sein? Gerade so wie für ein Geschwür oder ein Fieber ein Prügel. So wird man nicht das Uebel zum Stillstand bringen, ich vermute, man wird es mehr zum Geschwüre machen. Wenn man es durchgesetzt hat, daß es nach außen weniger sich zu verbreiten scheine, dann wird es um so mehr im Innern der Geister um sich greifen. Denn dies ist die Kraft der Natur (und aller die Natur Nachahmenden), daß, wenn ihr auf der einen Seite auszubrechen verwehrt wird, sie dann auf der andern heftiger durchbricht. Aber auch nur äußerlich ist äußere Gewalt kein gutes Mittel gegen Uebel der Geister, weil wir immer nach dem Verbotenen streben und uns das Versagte wünschen. Je mehr ihr es hindern werdet, desto mehr werdet ihr das Uebel reizen. Und wenn ihr kein anderes Mittel als Verbote anwenden werdet, so werdet ihr den Verdacht erregen, daß es nicht widerlegt werden kann, und ihr werdet dadurch in den Seelen der Irrenden die Meinung der Wahrheit befestigen. Ich sehe, daß in jener irrtümlichen Lehre der Independenten und in jenem gewissermaßen unwiderstehlichen Drange die kostbarste Perle des Vorzuges menschlichen Geistes und der durch Christus den Seelen wieder gewonnenen Freiheit verborgen ist, in der allein die balsamische Kraft gelegen ist, das beigemischte Gift zu vertreiben. Wenn wir das nicht gefunden haben, daß man dem Sehnen Genüge leistet und man das Gut des eigenen Gewissens ohne Bruch der gemeinsamen Bande der Ordnung in der Kirche genießen läßt, dann wird alles, was wir sonst versuchen, gewaltthätig sein, und die Wunden werden nicht heilen, sondern ohne Ende sich verschärfen." Auch aus diesen Worten spricht sich des Comenius eigene christliche Anschauung aus. Duldung jeder christlichen Ueberzeugung, auf dem Grunde der Evangelien, des Apostolikums, der Fundamente des Christentums, Abweisung jeder politischen Verfolgung um des Glaubens willen. Auf England blickte Comenius trotzdem gerne als auf den Hort christlicher Freiheit, zugleich mit Beziehung auf die Entstehung der Brüdergemeinden, indem er an Hartlib im Juni 1647 schrieb: „Mir kömmt in den Sinn, daß einst die Fünkchen reinerer Lehre zuerst aus England nach Böhmen gesprungen und dann zur Flamme ausgebrochen sind, die bald darauf Deutschland ergriff und schließlich mit ihrem Glanze Europa erfüllte. O daß doch auch jetzt es Gott gefalle, daß das Werk der Reformation ähnlich vorwärts schreite, daß ebendort (es ist England gemeint) die Anfänge mächtig entstehen, von wo aus mit heiligem Feuer der Erdkreis ergriffen werde! Amen, Jesu Christe, Amen." Ja auch nachdem das Kolloquium in Thorn gescheitert war, gab Comenius die Hoffnung auf eine Wiedervereinigung aller Christen, so gering sie auch war, nicht ganz auf, wie er später selbst berichtet. Eingedenk des apostolischen Wortes „Zum Frieden hat mich Gott gerufen" (I. Korinther VII, 15) machte er sich, indem es schien, als ob der Polenkönig ein neues Kolloquium berufen werde, an die Abfassung einer neuen irenischen Schrift betitelt „Christianismus reconciliabilis reconciliatore Christo", d. h. „Wie leicht die Christen, wenn sie in Wahrheit und im Ernste Christen sein wollten, nicht uneins sein könnten, ein Nachweis, so klar wie die Sonne um Mittag ist, an den glorreichen König Wladislaw IV." Da jedoch ein neues Kolloquium nicht mehr zustande kam, so unterblieb die Veröffentlichung der kleinen Schrift, die in acht Kapitel zerfiel.

So war des Comenius Aufenthalt in Elbing eine fortgesetzte nicht geringe Aufregung. Gerade aber diese irenischen Bestrebungen, denen er dienen wollte und sollte, machten seine Stellung zu seinem Gönner Louis de Geer zu einer oft nahezu peinlichen. Vielleicht hatte Comenius, als er mit dem Plane seiner Arbeit nach Elbing ging, selbst die Hoffnung, früher zu Ende zu kommen. Louis de Geer wie der schwedische Kanzler und der schwedische Bischof Matthiä wünschten aber das Werk bald vollendet zu sehen. Louis de Geer hatte sich verbindlich gemacht, nicht blos die Kosten des Aufenthaltes des Comenius in Elbing selbst, sondern auch die für vier Mitarbeiter zu tragen, doch knüpfte de Geer daran die Bedingung, die betreffenden Personen gutzuheißen, da er nicht gerne Lutheraner, sondern Reformierte bei der Arbeit sehen wollte. Zunächst, nachdem Comenius seinen Amanuensis in England, Olyrius, in Leyden der Studien halber lassen mußte, waren es sein nachmaliger Schwiegersohn Petrus Figulus und Paulus Cyrillus aus der Bruderschar, dann Daniel Petreus und Daniel Nigrinus, die sich einige Zeit bei ihm befanden. Der Aufenthalt zu Elbing kam ihm so teurer zu stehen, als er und Louis de Geer erwartet hatten. Es reichten daher die von Louis de Geer gesandten Summen nicht immer, zumal Comenius in seiner Güte das, was für ihn bestimmt war, häufig andern darbenden Leuten gab. Comenius sah aber selbst bald, daß die ihm gestellte Aufgabe, den gesamten lateinischen Sprachunterricht durch Herausgabe von Lesebüchern, Grammatiken und Wörterbüchern zu reformieren, nicht so leicht vorwärts ging. Schon im Jahr 1643 ist er über die Arbeit mißmutig und wünscht Abbruch jedes brieflichen Verkehrs mit seinen Freunden, um Zeit zu gewinnen. Er schreibt an Wolzogen: „Der ganze Winter verging in philologischen Arbeiten mit langsamem, aber nicht zu bereuendem Erfolge. Ich hoffte, daß die Umgestaltung der Janua nicht über drei bis vier Monate erfordern werde — jetzt sind bereits vier darauf verwendet, und ich weiß nicht, ob vier weitere Monate genügen werden, in ein so von Düfteleien und Dornen volles Werk sind wir geraten. Nicht einmal überkam mich die Reue, diese Arbeit versprochen zu haben und nicht vielmehr auf reale Studien die Zeit verwendet zu haben. So sehr ekelt und verdrießt es mich, mit Worten zu kämpfen. Aber was will ich thun: ich habe öffent= lich das Versprechen gegeben, ich muß es einlösen." Zum Ersatze für die vorgenannten Mitarbeiter mußte er sich bald nach neuen Hülfsarbeitern umsehen, namentlich da er den tüchtigen Petrus Figulus, seinen künftigen Schwiegersohn, zur Beendigung seiner theologischen Studien und zugleich zu seiner Vertretung in Schweden und in Holland fortschicken mußte. Petrus Figulus hat auch gerade auf Reisen dem Comenius gute Dienste geleistet, da er, was bei Comenius nicht der Fall war, der französischen Sprache vollkommen mächtig war. Am liebsten wäre ihm zunächst als Hilfsarbeiter Joachim Hübner (auch latinisiert Fundanius genannt)*) gewesen. Dieser, ein Deutscher, hatte auf Reisen hohe Erfahrungen sich gesammelt, namentlich in England, wo er mit Hartlib und Dureus verkehrte und dort auch Comenius sah. Comenius nennt ihn collector sagacissimus und sagt, er wisse keinen Sterblichen, der als Sammler geschickter sei, von hohem Scharfsinne, von feinem Urteile, von weit ausgebreiteter literarischer Korrespondenz. Auf Hübner hatte, als er durch Frankreich nach Italien reiste, Paris einen solchen Eindruck gemacht, daß er an Comenius schrieb, nicht London, sondern Paris sei das Haupt der Welt. Comenius mußte auf die Berufung dieses Mannes verzichten, da sie ihm zu teuer gekommen wäre. Aber auch auf seinen früheren alten Freund und Mitarbeiter Georg David Vechner in Lissa, der einst in fünf Unterrichtsstufen eine so schöne Abhandlung de igne schrieb, daß sie Comenius in seinem didaktischen Werke aufnahm, mußte Comenius verzichten, da Vechner in seiner Stellung als Geistlicher der Brudergemeinde in Lissa verblieb. An dessen Stelle nahm er zuerst einen Polen Mathias Zamorski, mit dem ihm wenig (ex studioso nuper paterfamilias hic prope me factus) gedient gewesen zu sein scheint. Im Juni 1643 sprach er in Elbing den auf Besuch dort befindlichen Bremer Dr. Kosak, einen Mediziner, von dem er sich viel erwartete. Comenius schildert ihn in einem Briefe an Wolzogen folgendermaßen: „Er ist ein Mann der tiefsten Gedanken, ein unermüdlicher Grübler in den Geheimnissen der Natur, der die mensch= lichen Bücher schon längst beiseite gelegt hat, indem er die Natur der Dinge mit ihren Geheimnissen aus dem Buche der Natur und der heiligen Schrift zu ergründen versucht, mit sehr schönem Erfolge, obschon

---

*) Von vielen ist übersehen worden, daß beide Namen eine Person bezeichnen, obschon Comenius in seinen Briefen ihn bald als Fundanius, bald als Hübnerus bezeichnet. Von Hübner besitzen wir einen an Comenius deutsch geschriebenen Brief vom Jahre 1661, der auch weiteres geschichtliches Interesse bietet. Als nämlich damals der große Kurfürst von Brandenburg mit seiner Gemahlin, der Oranierin, und der Kurfürstinmutter in Cleve sich aufhielt, überreichte Hübner im Namen des Comenius dessen deutsch abgefaßten Brüderkatechismus dem kur= fürstlichen Paare, um dadurch gnädige Berücksichtigung der in der Mark zerstreut lebenden mährischen Brüder zu erwirken.

dies nicht alle faſſen, weil er eine klare und wirkſame Methode, wie wir ſie wünſchen, das Seine vorzutragen, nicht hat; er hat vielmehr gewiſſer= maßen Widerſpruchvolles, woran andere ſich ſtoßen. Ich aber ſtoße mich daran nicht, weil ich feſten Glauben habe, daß mit dem Schwamme der Panharmonie ſich dieſe abwiſchen laſſen, denn er iſt bereit, all das Seine uns zu überlaſſen, um es in Methode zu bringen, ſofern es gefallen wird, oder wenigſtens das herauszuſchälen, was gefallen wird. Er iſt ein wunderbar gutmütiger und treuherziger Mann, nicht nach Geld und Gunſt begierig, von geradezu philoſophiſchem Geiſte, ja chriſtlichem Herzen“. Der gutmütige Comenius ſchickte ihm 50 Thaler und hoffte ſeine Berufung bei de Geer durchzuſetzen. Sein Patron aber weigerte ſich, Koſak als Mitarbeiter zu berufen, wahrſcheinlich weil ihm ſeine theologiſchen An= ſchauungen nicht feſt genug ſchienen. Denn Comenius ſchreibt, er vermute, Koſak habe ſich durch ſeine Paradoxen unlieb und verdächtig gemacht. Er ſelbſt aber laſſe ſich nicht davon abbringen, ſeine Geiſtesanlagen zu ſchätzen, man ſolle wegen der beigemiſchten Schlacken nicht die Edelſteine wegwerfen, ſie vielmehr ſchleifen, zumal Koſak gerne ſich der Zenſur unter= worfen hätte. Noch zweimal kommt Comenius in ſeinen Briefen auf dieſen Bremer Arzt zurück und meint in einem Briefe an Hotton, er hätte es verdient, gehegt und zu Größerem angeſpornt zu werden. „Ich weiß wohl, daß er durch gewiſſe paradoxe Meinungen bei manchem an= geſtoßen hat, aber zieme es ſich denn, wegen einiger daranhängender Rauheit einen Edelſtein wegzuwerfen? Ich glaubte, den Mann, der ſo freundlich mir das Seine zur Veröffentlichung anbot, nicht preisgeben zu dürfen und habe ihn dieſes Jahr, ſoweit ich konnte, unterſtützt, wenigſtens bis er ſeine Spagirie*), die er meinetwegen begonnen hatte, fertig gemacht hätte. Hat der Patron ſeine Gründe, ihn beharrlich von der Anteilnahme an ſeiner Wohlthätigkeit auszuſchließen, ſo will ich mich nicht weigern“. Noch ſpäter entlockt dem Comenius die Weigerung, den Bremer Arzt zu

---

*) Was Spagirie iſt, darüber gibt uns Comenius ſelbſt Aufſchluß, indem er es als ein mediziniſch-alchymiſtiſches Verfahren, ein Univerſalheilmittel zu finden bezeichnet. In ſeiner zweiten Janua ſchreibt er Kapitel LXXIV 706: Hodie inclaruit Medicina Spagiria ſive Hermetica: admirabilis praeparatione ac subtilitate medicamentorum, sed simul formidabilis ob summum discrimen, si tractetur incaute: hi desudant, summopere in emolienda catholica medicina, praesentanea adversus omnes morbosos affectus; quam ponunt in quinta essentia, sequestrata ab omni elementali crassamento. Ueber dieſes Lebenselixir ſchreibt Comenius näher in ſeinem Atrium Kapitel LXXIV 706: Nostro aevo percelebratur singularis illa medendi ars quam ab Her- mete Trismegisto venire volunt et Hermeticam Spagiricamque nominant: quae ignis vi mineralium et vegetabilium corpora dissolvens milleque modis transformans et admirabilem se ob remediorum subtilitatem et formidabilem ob summum incaute tractantibus discrimen reddidit. Enixe hi medicamentum panchrestum vestigant, alii in terra, alii in aqua, alii in aëre, in igne alii: sed verendum est, ne navim et scalmo fabricent. Nach den letzten Worten hegt Comenius ſelbſt Zweifel, ob ſich ein ſolches „allnützliches Heil- mittel“ in den vier alten Elementen finden laſſe. Eine richtige Erklärung von Spagiria ſucht man in den Konverſationslexifen vergeblich. Die in der Janua angeführten Worte von „Hodie inclaruit — si tractetur incaute“ finden ſich auch in des Comenius Praxis scenica Part. V Act III Scen. I.

unterstützen, in einem Briefe an de Geer den Ausruf: „Konnte denn mit Recht jener Bremer irgend einer Anteilnahme an Deiner Wohlthätigkeit unwürdig erscheinen?" Aber Comenius vergaß ihn nicht, da er sich noch im Jahr 1649 an ihn wandte, um einen Studierenden der Brüderunität in Bremen zu unterstützen.

Auch die Hoffnung, die Comenius auf die Hamburger Physiker Junge und Tasse setzte, sie könnten ihn in seinen Arbeiten, wenn sie Professuren in Upsala oder Greifswalde erhielten, von diesen Orten aus unterstützen, erfüllte sich nicht, da ihre, wie oben erwähnt, erbetene Berufung nicht erfolgte. Als nun die Berufung Kosaks aussichtslos war, fühlte Comenius es schwer, wie seine Worte an Hotton: Solus relinquor, tam cito ac velim progredi non licet befunden, noch mehr aber spricht sich die Klage an einer Stelle mit den Worten aus: mea querela frustra est hactenus, solum me relinqui. Endlich glaubte Comenius zwei Männer gewonnen zu haben. Es waren dies Johann Rave und Georg Ritschel. Rave war dem Comenius schon früher dem Namen nach bekannt. Rave, damals Professor in Gera — florentissimus in efflorescente Gerana Academia eloquentiae et historiarum professor — scheint von Gera sehr frühe nach Erfurt als Professor gekommen zu sein, wenn nicht Comenius in einer Stelle den einen Ortsnamen verwechselt hat, so daß nur an Erfurt zu denken ist. Comenius zeichnet in der Abhandlung über das Studium der lateinischen Sprache (de sermonis Latini studio dissertatio) Rave in folgender Weise: „Er hat den jüngst herausgegebenen, mit Noten erschienenen und mit einem schönen Index ausgestatteten Cornelius Nepos nicht blos mit dem Titel: „„Der erste von den Schriftstellern, die nach des Comenius Janna für den Beginn der Stilübungen bei der Jugend werden herausgegeben werden"" schmücken wollen, sondern er hat auch in der dem Werke vorausgeschickten Abhandlung über die Verbesserung des in Deutschland verderbten Stiles (§ 18) sich dies Gebiet mit folgenden Worten zur Aufgabe gestellt: „Andere werden sich in anderen Gebieten beschäftigen: ich werde für meinen Teil und zum Wohl mit Gott dies anstreben, daß die Jugend in den lateinischen Schriftstellern auch von uns unterstützt ist."" Comenius hoffte von ihm eine Art Chrestomathie aus den lateinischen Klassikern sachlich-sprachlichen Inhaltes zugleich; die er als Thesaurus oder vielmehr Palatium linguae Latinae damals bezeichnete. Von Erfurt war bei dem damals nicht seltenen Professorenwanderleben Rave nach Rostock, von Rostock an die dänische Ritterakademie in Soroe*) als Professor gerufen worden, „ein Mann des feinsten Geistes, geläuterten Urteiles, mannigfachen Wissens, denn von allen Lateinern und Griechen, die man gute nennt, ist ihm keiner unbekannt." Im Jahre 1643 schrieb Rave, der wegen der Kriegsunruhen seine Stelle in Soroe aufgab, an Comenius, bot ihm seine Dienste an und traf selbst im April 1644 in Elbing ein, um einige Zeit, doch nicht lange zu bleiben, da er zu einem Adeligen in Preußen gezogen war, dessen Söhne er zwei Jahre lang unterrichtete.

---

*) Hundertzehn Jahre später erscheint Basedow als Lehrer an dieser Ritterakademie.

Comenius hoffte, durch einen Gehalt ihn wenigstens ein Jahr lang an sich fesseln zu können, der sogar eine Stelle in Danzig angetragen bekam. Doch glückte es ihm nicht, da Rave seine Stelle als Erzieher der adeligen Söhne nicht aufgeben wollte. Deshalb wird die kurze Hilfe für Comenius von Seite des Rave keine bedeutende gewesen sein.

Scheinbar besser glückte es dem Comenius mit Georg Ritschel, den er zu gleicher Zeit mit Rave bei sich haben wollte. Ritschel war gleichfalls ein Lehrer an der Ritterakademie zu Sorce (Ravii Sorae per biennium convictor), wurde aber bei den Kriegsläuften gleichfalls von dort verschlagen und wurde gleichfalls Hauslehrer einer adeligen Familie in oder bei Königsberg in Preußen. Comenius bot ihm 200 Thaler jährlich, wenn er außer seinem Hause wohne, 100 Thaler, wenn er bei ihm in der Familie wohne. Ritschel nahm Ende November 1644 das erstere Anerbieten an, doch wie Comenius selbst in einer späteren Note zu einem Briefe bemerkt, war ihm damit wenig gedient (altero [Rave] se subducente, altero [Ritschelio] in didacticis nihil me juvante). Ende Juni 1645 schickte ihn deshalb Comenius auf Reisen, zunächst nach Holland, um durch diesen mündlich Hotton über den Stand seiner Arbeiten Mitteilung zu machen, vielleicht mochte es ihm selbst nicht ganz angenehm gewesen sein, daß Ritschel Lutheraner war, was bei de Geer nicht gerne gesehen wurde. Ritschel schrieb dem Comenius, wohl von Hamburg aus. Von Holland war Ritschel nach England zu Hartlib und Duräus, den englischen Freunden des Comenius, gegangen. Zwei aus England datierte Briefe, ein Doppelbrief vom Juni und Juli, ein zweiter vom 21. Oktober trafen der erste anfangs, der zweite am 19. Dezember erst bei Comenius ein. Damit löste sich auch allmälig das Verhältnis des Ritschel mit Comenius, wie wir aus einem Briefe des Pädagogen an seinen ehemaligen Mitarbeiter ersehen. Ritschel hatte erklärt, daß er lieber in England bleiben und nach Oxford zu Bibliothekstudien gehen wolle, als die glänzendste Stellung annehmen. Ritschel schien beleidigt zu sein, daß Comenius einen neuen Amanuensis, von dem sogleich die Rede sein wird, angenommen hatte. Im wegwerfendsten Tone hatte er in dem Briefe von diesem Amanuensis geschrieben, ja ihm weder den Titel Herr noch den Doktor erteilt, auf welch beide er Anspruch zu machen hatte. Und doch schickte Comenius mit einer Warnung vor solchem Hochmute fünfzig Thaler für ihn nach England und wünschte ihm besten Erfolg zu seinen Studien in Oxford, die Ritschel auch dort aufnahm.

Der letzte unter der Reihe der Mitarbeiter war Dr. Kinner, Doktor der Medizin aus Brieg in Schlesien, der, „wie von Gott gesandt", zu Comenius selbst gekommen war, um seine Dienste anzubieten. Comenius bot ihm, der ein verheirateter Mann war, 400 Thaler jährlich, was für die damalige Zeit eine sehr hohe Summe war; er schreibt von ihm: „Er ist hinsichtlich der vorliegenden Arbeit von solchem Eifer, daß mir ein Rüstigerer noch nicht vorgekommen ist: ich lobe Gott, der mir endlich diesen für eine solche Arbeit so aufgelegten Mann verbündet, so daß wir um so schneller (ich hoffe binnen Jahresfrist) diese niedere Arbeit fertig bringen und zu höheren wichtigeren Arbeiten mit ganzer Seele (wenn uns

Gott leben läßt) übergehen können." Er nennt ihn seinen treuen Mitarbeiter. Wohl schien Herr de Geer ungehalten, daß man ihn nicht vorher um Annahme des Mitarbeiters gefragt hatte, auch deuchte ihm der Gehalt zu hoch. Comenius antwortet seinem Gönner im Oktober 1645: „Jeder Feldhauptmann, der gedungen wird, Menschen zu schlachten, erfreut sich eines reichlicheren Soldes; für Männer aber, die für das Wohl des Menschengeschlechts den Sorgen und Studien sich weihen, soll es zu viel erscheinen, wenn man sorgt, daß sie ohne Sorgen leben. Hochherzige Geister wollen hochherzig sich behandelt wissen." Zugleich erklärte Comenius, daß die Wahl seiner Mitarbeiter doch in erster Linie ihm zufalle. Louis de Geer zahlte, erst zögernd, den Gehalt für das abgelaufene Jahr, wollte aber für Kinner nur mehr für weitere dreiviertel Jahr (also wohl 300 Thaler) zahlen.

Schon aus der vorstehenden Schilderung ersieht man die Leiden, welche Comenius mit seinen Mitarbeitern hatte, und durch sie auch mit seinem Patron. Daß er der ihm übertragenen Arbeit überdrüssig geworden war, wird uns sehr natürlich erscheinen.

Die Klagen hierüber hallen in vielen Briefen wieder. Schon im Jahre 1643 schrieb er an Wolzogen: Was meine Arbeiten betrifft, so verrät, wer sich wundert, daß sie langsam fortschreiten, daß er wahrlich nicht weiß, was das ist, was wir als Leistung übernommen haben. Denn wir schreiben Bücher, schreiben sie nicht anderswo ab, und das Werk, das wir planen, ist so nach allen Seiten harmonisch, läßt keinen Mißklang zu: deshalb ist gleichsam eine unendliche Abwägung aller Kleinigkeiten notwendig. Hätte ich alles vorausgesehen, so hätte ich es kaum unternommen." Und im August 1644 schrieb Comenius an Hotton: „Ich weiß daß man meine Arbeiten gierig erwartet, aber kann denn jemand begieriger sein, für sie ein Ende zu sehen als ich selbst, dessen Schultern allein jene ganze mühselige Last überlassen ist. O daß es doch Gott gefallen hätte, irgend einem andern diese Gedanken einzuflößen, jene Triebe in die Seele zu pflanzen! O daß ich doch entweder mehr könnte, oder weniger wollte. Aber da mir, je weiter ich fortschreite, ein desto weiterer Ausblick immer gegeben wird, so muß ich nach jenem Fernen, Vollendeten und Bessern schmachten, daher kömmt es, daß das Frühere und Unvollendete mißfällt, daß wir uns selbst verbessern und tausendfach bis jetzt ohne Ziel und Ende richtig stellen." Am klarsten aber spricht er sich in einem Briefe von 1647 an Hartlib, seinen treuen Freund in England aus, dem er sein ganzes Herz ausschüttete: „Ich sage: Die vielen Mitarbeiter haben mir mein Weingärtlein verdorben oder wenigstens die Arbeiten verzögert. Ich habe es manchmal geschrieben und wiederhole und zwar mit Ernst: Wäre ich allein gewesen, ich hätte längst vollendet, was von Anfang an mit Gottes Hilfe vorgesehen war. Die vorausgesehenen Ideen sind genau schon vor 14 Jahren im Prodromus, ausgedrückt, und damals hatte ich einen zur Arbeit frischen Willen, und der göttliche Segen war, so lange wir im Vertrauen auf Gott allein arbeiteten, fühlbar. Aber nachdem wir anfingen offen aufzutreten und nach menschlicher Hilfe uns umzusehen und eine Gefolgschaft zu planen, da weiß ich nicht, wie sowohl des Geistes Frische, aus ihrem Zentrum entfernt und in die Peripherie geschleudert, welk zu werden, wie aus der Mehrheit eine

2

Verwirrung sich zu erheben, und wie der Fortschritt endlich sichtbar uns zu verlassen anfing. Ich weiß, daß Du es, mein liebster Hartlib, in guter Absicht gethan hast, als Du mich ans Licht zogst, mir die Gunst von Mäcenaten gewannst, nach Gehilfen der Arbeit suchtest: sieh doch, wie ist die Sache anders ausgefallen, als wir gewollt haben! In Kot hast Du mich geworfen, woraus ich weder selbst den Ausweg finde noch Du ihn mir zeigen kannst. Mir selbst ist mein Gewissen Zeuge, daß ich nicht aus irgend einer schnöden Absicht (um reich oder berühmt zu werden, oder wenigstens mit geringer Mühe die Arbeit zu betreiben und dann Muße zu haben) die angebotene Hilfe angenommen habe, sondern erstlich, weil ich andern mehr als mir selbst gewöhnlich zutraue, weil ich von andern mehr als von mir hielt, wenn sie sich ans Werk machten. Sodann, weil ich zuversichtlich erwartete, daß so schneller das Werk von statten gehen werde, endlich, weil ich so Rücksicht auf die Sterblichkeit nehmen zu müssen glaubte, damit ein so großes Werk, wenn einer stürbe, nicht zu grunde ginge, vielmehr, von mehreren begonnen, kräftig fortgesetzt werde, was immer Menschliches auch dem einzelnen begegne. Diese Vorsicht hat nichts Schuldbares und scheint für die Sache selbst zu sorgen. Dieser Erfolg hat uns getäuscht."

Und auf Vorwürfe, die ihm offen von verschiedenen Seiten gemacht wurden, als ob seine gegenwärtigen und auch zukünftigen Leistungen in keinem Verhältnisse zu seinen Versprechungen stünden, spricht Comenius, nachdem er den größten Teil seiner Arbeit bereits gefertigt hatte, sich freimütig ebenfalls seinem Freunde Hartlib im Juni 1647 aus: „Um für mich auf das einzelne zu antworten, so muß ich bei meinem Gewissen, wenn auch mit Scham gestehen: Ich könnte mehr, wenn ich weniger wollte. Aber während ich das Ganze will, und kein Teil voll mich freut, werden diese nicht vollendet, das erste bricht unter der Last zusammen. Du, mein Freund, kennst die letzten Ziele unsrer Wünsche wohl, wie weit sie gehen und wie große Mittel sie erfordern. Daß dies alles zu betrachten, zu ergründen, zusammenzutragen und einander anzupassen, weite Zeiträume erfordert, wird niemand, der weise ist, bezweifeln. Und warum drängt man mich so, und warum zieht man mich hin und her, gleichsam als thäten wir nichts und mißbrauchten, wie träger Rauch, die Nahrung? Ich werde Gott loben, wenn mir nach den vollendeten didaktischen Arbeiten auszuschnaufen gegönnt wird. Gerne werde ich zur Ruhe zurückkehren, nach der bereits meine Seele schmachtet: vielleicht sogar aller Unterstützung bar, sogar vielleicht meinen eigenen Ruhm überlebend. Denn ich weiß, daß unter vielen schon das Gerücht sich verbreitet, Comenius verzweifle am pansophischen Werke und fühle sich unterlegen. Mögen sich dieser Hoffnung freuen, denen es Vergnügen macht; mir wird es Vergnügen sein von der Bühne abzutreten, indem ich trotzdem in der Stille in vielen Dingen weiter schreite, wenn Gott es will und soweit er will." Comenius war entschlossen, dem Rufe seiner Brüdergemeinde zu folgen, als Geistlicher nach Lissa zurückzukehren.

Es ist schon angedeutet worden, daß all diese Verhältnisse, namentlich aber auch die religiösen Zustände, die zu den Religionskongressen

führten, seinem Patron Louis de Geer wenig angenehm waren. Hotton
aus Amsterdam wie Wolzogen aus Schweden schrieben an Comenius und
mahnten im Auftrage des Patrons zur Beschleunigung seines Werkes.
Dem Louis de Geer war jede Teilnahme an den Religionsgesprächen
unlieb; wohl wußte es Comenius, und er bat daher, ihn nach Schweden
oder Amsterdam zu berufen, damit er den Versuchungen ferne stehe. Es
erfolgte keine bestimmte Rückäußerung, weil de Geer glaubte, Comenius
werde sich selbst, seinem Versprechen gemäß, ferne halten. Als aber sowohl
zu der Vorbesprechung in Orla, als namentlich zum großen Religions=
gespräch nach Thorn Comenius auf Bitte seiner Brüder und namentlich
auf Andrängen der sogenannten Politiker unter den Brüdern, die zumeist
Adelige waren, er doch in Thorn erschien, da nützte nichts, daß sich die
Geistlichen im Namen der Brüdergemeinde an Louis de Geer wandten, um
die Anwesenheit des Comenius in Thorn zu entschuldigen, ebensowenig,
daß dieser selbst sich an den schwedischen Bischof Johann Matthiä wandte,
um den Zwang der Verhältnisse zu schildern. Es kam im Oktober 1645
zu einem ernsten Bruch mit Louis de Geer, der als gewiegter Geschäfts=
mann die versprochenen Arbeiten sehen wollte. Es müssen im Auftrage
des Patrones durch Hotton schwere Worte an Comenius ergangen sein,
denn dieser bezeichnete sie als „harte und von dem frommen Herzen de Geer's
nicht erwartete Worte“. Wurde es ihm sogar verargt, daß er die bereits
erwähnte theologische Schrift Hypomnemata, die er in sieben Wochen
gefertigt hatte, schrieb. Würdevoll verteidigt sich Comenius gegen die
erhobenen Vorwürfe, daß Tag und Nacht ihn seine Arbeit beschäftigt
habe. Das Werk, das er webe, sei derart, daß die Teile nicht ohne
das Ganze vollendet werden können, wenn man nicht das Ganze stören
und verlieren wolle. Was seine Abberufungen betreffe, die nicht er ver=
anlaßt habe, so störten diese seine Arbeiten nicht, sie böten ihm nur Ver=
anlassung zu neuer Sammlung, und ließen ihn frischer zur Arbeit zurück=
kehren. Hotton gegenüber sprach sich Comenius noch offen aus: „Ich weiß
nicht, von welcher Menschenfreundlichkeit es zeugt, ein Pferd, das von
selbst läuft, mit Sporen und Peitschenhieben antreiben oder ihm sogar
das Futter entziehen zu wollen.“ — „Wahrlich, nicht mir fehlt es an
Standhaftigkeit bei den übernommenen Arbeiten, sondern euch, meinen
Freunden, an Geduld, sie zu erwarten, bis sie reif sind.“ — „Wenn man
bezüglich des Willens, dem ich mich verpflichtet habe, es so versteht, daß
ich als Sklave erscheine, und nicht mehr eigenes Recht habe, dann ist es
hart. Denn Gewissen und Freiheit, die köstlichsten Güter der Sterb=
lichen, lassen sich um keinen Preis verkaufen.“ Und doch dankt er am
Schlusse Hotton und dem liebenswürdigen Sohne des Louis de Geer,
Lorenz de Geer, daß sie etwas den erzürnten Patron beschwichtigt hatten.
Noch offener hatte sich Comenius seinem Freunde Hartlib gegenüber
ausgesprochen in den Worten: „Es kommt noch hinzu, daß, indem wir
uns umsehen müssen, wie wir die, die wir zur Anteilnahme an den
Arbeiten eingeladen haben, unterhalten, wir uns soviel Belästigung ge=
schaffen haben, wie es das Werk selbst, stille fortgesetzt, nicht schaffen
würde. Und was noch wichtiger: wir müssen eine schimpfliche Bettelei

üben, vergessend jene Aeußerung des Lysander:[1] „Es ist besser zu sterben
als zu betteln!" Ich schäme mich wahrlich, in diesem Betreff Briefe zu
schreiben. Dies sei der letzte an die Geistlichen der holländischen Kirche.
So sehr schäme ich mich dieser Thatsache, daß ich sogar mich scheue,
meinen Patron, der mir auch in diesem Jahre Beihilfe versprach, daran
zu erinnern. Ich denke darüber nach, wie ich (nachdem diese übrigen
didaktischen Studien vollendet sind) zu irgend einer Stellung zurückkehre,
mich mit meinem Brote nähre und es so weiter treibe, soferne der barm=
herzige Gott nicht seinen Segen entziehen will. Meine Genügsamkeit be=
darf nicht viel: wenn nur jene Lasten weg sind, die jetzt drücken."

Wahrlich, wir müssen uns staunen, daß unter solchen Verhältnissen
Comenius sein großes Werk novissima linguarum methodus mit den
in drei Stufen gegebenen Lesebüchern (Vestibulum, Janua, Atrium)
und den dazu gehörigen ebenfalls dreifach gestuften Grammatiken und
Wörterbüchern vollendete. Am meisten wird ihm in der letzten Zeit der
bereits öfters genannte Petrus Figulus, im Januar 1646 nach Elbing
zurückgekehrt, genützt haben.

Und doch war damit die Thätigkeit des Comenius, die seine theo=
logischen Schriften und Missionsreisen, seine zahlreiche Korrespondenz,
seine didaktischen Arbeiten für die „neueste Sprachlehrmethode" umfaßte,
noch nicht erschöpft. Was er schon früher gethan, als er, ein Flüchtling
um des Glaubens willen aus seiner heimischen Erde, bei dem Freiherrn
von Zerotin in Mähren einige Jahre Schutz fand, nämlich Erteilung des
Privatunterrichtes an dessen Söhne, was er auch that in Lissa, als er
zwei Söhne des Grafen von Belsenz, polnischen Palatins von Posen,
Baguslaw und Wladislaw, in seinem Hause als Zöglinge hatte, das that
er auch in Elbing. Zwar mußte er überhaupt erst die Erlaubnis bei
dem Rate der Stadt sich einholen, um in Elbing bleiben zu dürfen. Doch
scheint er sich bei dem Rate der Stadt bald in Gunst gesetzt zu haben,
da ihm derselbe vom Juli 1644 eine freie Wohnung gewährt hatte. Diese
Freiwohnung ermöglichte ihm auch zwei adelige Studierende in sein Haus
als Privatzöglinge aufzunehmen, nämlich den Sohn und den Neffen des
königlichen Richters Petrus Kochlewski. Doch stieß er hiebei auf eine
andere Schwierigkeit. Denn genannte beide Zöglinge sollten das Gym=
nasium in Elbing besuchen, doch war durch Veranlassung des Rektors des
Gymnasiums vom Rate der Stadt die seltsame Bestimmung getroffen
worden, daß kein Schüler des Gymnasiums Privatunterricht genießen
dürfe. Es blieb dem Vater und Onkel Kochlewski nichts übrig, als in
einer eigenen Bittschrift an den Rat der Stadt für seinen Sohn und
seinen Neffen um Aufhebung des Verbotes zu bitten. Da die beiden als
Privatschüler des Comenius eintraten, so muß die Bitte wohl gewährt
worden sein. Comenius hatte anfangs gezögert, diese jungen Zöglinge
zu sich zu nehmen; da aber Kochlewski zu den adeligen Politikern der
Brüderunität gehörte, so konnte er die Bitte nicht ablehnen, wie er im

[1] Nicht von Lysander, sondern von dessen Mitfeldherrn Kallikratidas er=
zählt eine ähnliche Bemerkung Xenophon, Hellenika l. I, C. VI.

Juni 1645 an Hotton schreibt: „es hatte durch ein Schreiben an den Rat der Stadt und durch Vermittelung anderer, ein Mann von großem Einflusse in Kirche und Staat wegen seiner Weisheit, es durchgesetzt, daß ich seinen Sohn zu mir nahm.“ Auch bei Louis de Geer mußte er sich wie wegen seiner theologischen Schrift Hypomnemata, so wegen der Aufnahme von Privatzöglingen bereits Ende September 1644 durch Hotton entschuldigen mit den Worten: „Schließlich konnte ich nicht mit Ehren ausweichen, da ich von einem sehr edlen Manne ersucht, seinem hier weilenden Sohne einige Privatstunden zu geben, und trotz der Weigerung schließlich vom Rate selbst hiezu aufgefordert, nun wöchentlich einige Stunden gab, nicht so fast meine Aufgabe und Werke verlassend, als vielmehr sie betreibend und fördernd, ohne mich irgend jemandem außer Euch zu irgend etwas zu verbinden; was ist hier nun so groß gefehlt?“ Wie bringend aber Kochlewski seine Sache bei dem Rate der Stadt, seine ganze Persönlichkeit einsetzend, es gemacht hatte, ergibt folgender Brief an den Rat der Stadt, der zugleich zeigt, wie unabhängig Elbing einem königlichen polnischen Richter gegenüber dastand. Der Inhalt lautet:

Hochedle und Hochangesehene Herren Bürgermeister, Räte der Stadt Elbing!

Wenige haben dies Glück, daß sie sowohl guten Ruf besitzen als auch verdienen! Beides verdankt die Stadt Elbing der Klugheit Eurer Herrlichkeiten. Sie besitzt nämlich in Euren Gegenden den guten Ruf infolge einer wohleingerichteten Schule; und sie verdient ihn, weil Ihr sie nicht blos eingerichtet, sondern auch mit aufmerksamer Sorgfalt und nicht geringer Freigebigkeit bisher unterhalten habt. Das bewog mich, daß ich meine teuersten Pfänder, nämlich meinen Sohn und den Neffen meiner Schwester, auf keine anderen Weideplätze der Wissenschaften, als die in Eurer Stadt öffentlicher Benützung offen stehen, sandte. Aber da ihnen von mir der Auftrag gegeben war, daß sie jene Stunden, die sie von den öffentlichen Vorlesungen übrig hätten, nicht dem Müßiggange, sondern Privatstudien unter der Leitung eines besonders gelehrten Mannes verwenden sollten, so schreckte sie sogleich beim Eintritte selbst die Kunde Eures Beschlusses oder Ratserlasses, wornach Privatstudien gleichsam als dem öffentlichen Gymnasium Abbruch thuend, dort verboten sein sollen. Während also des Rates bar, die Jünglinge sich in der öffentlichen Schule einzuzeichnen unschlüssig sind, bleiben sie fast einen vollen Monat zu ihrem geringen Vorteile, wohl aber zu meinem großen Schmerze müßig in ihrer Herberge. Ich befürchte nämlich, daß einige Schuld hiefür bei ihnen selbst liegt, aber was es auch schließlich sein mag, ich nehme Zuflucht zu Euch, Hochedle und Hochangesehene Herren, und zu Eurem Wohlwollen und bitte und beschwöre Euch bei jener Erwartung, die von Euren Herrlichkeiten bei einer so großen Seltenheit und dem Mangel an Schulen alle guten und frommen Männer hegen, daß Ihr jenen beiden Jungen aus dieser Verlegenheit, in der sie steckten, helfet und ihnen die Gnade und die Wohlthat des Privatunterrichtes unter der Leitung des ehrwürdigen und hochwürdigen Mannes Herrn Comenius, dem jetzt Eure Stadt ein

Aſyl iſt, geſtattet. Dieſe meine Wünſche ſind nicht ehrgeizige, ſo daß ich verlange, es ſolle meinetwegen Altar gegen Altar, oder Herkules gegen Herkules[1]) in Eurer Stadt aufgerichtet werden. Denn ich wünſche und befehle, daß ſie überhaupt der Schulmatrikel einverleibt, den Geſetzen und der Zucht unterworfen werden, und an den öffentlichen Vorleſungen (nach Auswahl des Notwendigen) ſowohl als auch an den Diſputationen und andern Uebungen täglich Anteil nehmen ſollen. Aber ich bitte darum unterthänig, daß nach Sitte der Alten, denen geſtattet war, nachdem ſie Herkules verehrt hatten, auch vor den kleineren Heiligtümern der übrigen Götter ſich zu beugen, ihr jenen Jungen jene ſo koſtbaren Stunden gewähret, die außer den öffentlichen Studien für ſie ſonſt in Müßiggang, dem Vater aller Laſter, verloren gehen würden. Ich kann weder, noch darf ich irgend einen Teil der Verdienſte um Euch mir anmaßen, daß ich jedoch den Willen und die Bereitwilligkeit immer gehabt habe, mich um die Vorteile Eurer Stadt recht verdient zu machen, das dürfe die Glaubwürdigkeit jener bezeugen, die Eure Angelegenheit beſorgt haben. Aber das, worum ich bitte, iſt derart, daß der gute Ruf der Stadt Eure Herrlichkeiten ſogar einem unbekannten Menſchen willfährig machen dürfte. Ich habe nämlich unter der Hand gehört, daß einige Vornehme von bedeutender Zukunft auf die Kunde jenes Beſchluſſes hin nur durch Eure Stadt gezogen, nicht aber darin geblieben ſind. Es iſt zu befürchten, daß, wenn Privatunterricht verboten iſt, der Eifer für die öffentlichen Studien erkaltet, der zweifellos nach dem Beiſpiele der Akademien ſich mehr entzünden würde, wenn die Jungen aus ihrer Wohnung durch Privatunterricht erwärmt, wie Arkaber in die öffentliche Ringſchule einträten und den öffentlichen Profeſſoren zeigten, daß ſie mehr und mehr eines reiferen Unterrichtes fähig ſind. Da iſt keine Gefahr in Folge des Ehrgeizes und Wettſtreites, wenn alle durch das der einen Schule geleiſtete Gelöbnis unter einem Leiter gehalten werden. Es mögen ſich die gelehrten Männer jenes griechiſchen Wanderers erinnern, der, als er in eine Stadt eintrat und geſehen hatte, daß die Bilder mehrerer Götter in einem Tempel eingeſchloſſen angebetet wurden, nicht einmal eine Nacht dort zubringen wollte, in dem Glauben, daß es dort den Menſchen übel gehe, wo die Verehrung der Götter eine ſo enge Wohnung habe. Da Eure Stadt ſo hochherzig den Kult der Muſen aufgerichtet hat, ſo gereicht es ſicher nicht blos zur Wahrung ihres Ruhmes, ſondern auch ihres Vorteiles, ihres Einfluſſes in unſerem gemeinſamen Vaterlande, daß ſie die Fülle ihrer Tüchtigkeit weiter ergieße und die Bilder der Muſen und

---

[1]) Arkadien — eigentlich der Berg Kyllene — war die Heimat des Hermes, des Gottes der Gymnaſtik. Die meiſt bäuerliche oder vielmehr Hirtenbevölkerung Arkadiens galt als ſehr abgehärtet. Unter den vorhergehenden Akademien ſind die Univerſitäten gemeint. Der Briefſchreiber erinnert an die damals allgemeine Sitte, daß die Studierenden der Univerſität, namentlich die reicheren, neben den öffentlichen Vorleſungen Privatvorleſungen, wie es an den engliſchen Univerſitäten jetzt noch der Fall iſt, erhielten. Wenn im vorhergehenden erwähnt wird, daß Herkules gegen Herkules aufgeſtellt werden könnte, ſo iſt zu bemerken, daß im Altertum es ſechs verſchiedene Herkules gab, wie uns Cicero de natura deorum III 16 berichtet.

Wissenschaften aus einem öffentlichen Tempel auch den Privathäusern gütig überlasse. So wird niemand von den so vielen, die kommen wollen, kommen, ohne daß er Halt macht, niemand wird Halt machen, ohne daß er Wohnung nimmt, das Andenken an Eure Wohlthat liebt, bewahrt und in sein Herz eingeschrieben mit sich nachhause nimmt, und von da der Oeffentlichkeit übermittelt. Ich aber werde, wenn ich einigen Dienst und einige Gefälligkeit mit den so erschöpften Kräften meiner Gesundheit leisten kann, diesen Dienst zur Ehre und zum Wohle Eurer Hochansehnlichen Herrlichkeiten immer leisten und werde hiezu jene verpflichten, die sich jetzt schon als durch Eueren Gnadenerweis zu verbinden einschmeicheln möchten. Schließlich empfehle ich mich der Gnade der hochangesehenen Herrlichkeiten angelegentlich

Rurk, 27. Juni 1644.

Petrus Kochlewski,
Königlicher Richter, vormals zu Briesen.

Comenius gewann seine beiden Zöglinge lieb und als sie das nächste Jahr 1646 von ihm schieden, erbat sich Kochlewski's Sohn von ihm ein schriftliches Angedenken. Trotz der vielen auf ihm lastenden Arbeiten, die aus vorstehender Ausführung ersichtlich sind, entschloß sich Comenius dazu und so verdanken wir ihm das kleine Schriftchen „Lebensregeln", „Regulae vitae", das er später in Amsterdam bei van Berge veröffentlichte. Die ganze Liebenswürdigkeit des edlen Mannes leuchtet uns aus dieser Schrift, die eine Sittenlehre auf der Grundlage des positivsten Christentums ist und von keiner christlichen Konfession beanstandet werden kann. Möge sie freundliche Leser finden!

Comenius war froh, als er seine didaktische Arbeit an de Geer abgeliefert hatte. Selbst über den Druckort war man lange in Zweifel. Comenius veröffentlichte mehrere Teile in Lissa, wo aber der Druck leider schlecht von statten ging. Hätte Comenius alle diese Schriften nicht später in Amsterdam neu herausgegeben, wir wären vielleicht nicht im Besitze derselben.

Aber gerne verließ er Elbing. Am 9./19. Oktober 1642 war er, von Danzig kommend, nach Elbing gelangt. Sein letzter Brief aus Elbing ist vom 8./18. November 1647. Mit Beginn des Jahres 1648 kehrte er zur Brüderunität nach Lissa zurück, an Erfahrungen reicher, nicht voller Hoffnung für die Zukunft, aber mit Gottvertrauen im Herzen. Er ahnte damals nicht, daß er bald wieder Lissa verlassen werde, daß er dann noch einmal dorthin zurückkehren werde, um das politische Ende der Brüdergemeinde in Lissa selbst zu erleben.

Lebensregeln

(und zwar (Regeln)

I. eines weisen,
II. eines harmonischen,
III. eines ruhigen,
IV. eines thätigen,
V. eines in Geschäften vergrabenen,
VI. eines freier Muße gewidmeten,
VII. endlich eines auf Reisen befindlichen Lebens.

Christus unser Licht!

Du hast, edler junger Mann, Herr Christian Ambros Kochlewski, mein geliebter Schüler, hinfüro aber mein hochzuverehrender Freund, gebeten, daß Du, der Du aus meinem Zusammenleben und meinem Unterrichte scheidest und in Bälde in das Ausland reisen wirst, irgend ein Liebespfand von meiner Hand haben dürfest. Warum aber erbittest Du dies? Wenn Du meine so oft wiederholten Ermahnungen und die auf Dich herabgerufene Gnade himmlischen Segens (dem das Siegel aufdrücke Gottes Wahrheit, von der Du in Wahrheit den Vorsatz hegst, daß sie Dich auf den Wegen Gottes halte) eingeprägt hast, wozu bedarf es noch jener papiernen Denkschrift? Damit ich jedoch Dir entspreche, siehe empfange aus freundlicher Hand und freundlichem Herzen gleichsam ein kurzes Verzeichnis, das Dir nur so lange Leitung in Deinen Handlungen sein soll, bis Du selbst gekräftigter geworden, der Stützen nicht mehr bedarfst.

Regulae vitae

--- --- ---

Christus Lux nostra!

Petiisti Generose Adolescens D. Christiane Ambrosi Kochlewski, discipule dilecte, posthac vero amice observande, ut
tibi a convictu et disciplinâ meâ dissedenti brevique ad exteros
abituro, amoris aliquod a manu mea habere liceret pignus.
Cur autem id petis? Cordi si insculpseris monita mea toties
iterata, invocatamque super te coelestis benedictionis gratiam
(cui sigillum addat Veritas Dei, quam vere Tu te continere in
viis Dei proponis) chartaceo isto memoriali quid opus? Ne
tamen Tibi desim, en habe a manu et mente amica brevem
quandam tabellaturam, actionum tuarum tantisper (dum con-
firmatior ipse factus, adminiculis non egeas) futurum directorium.

I. Regeln eines weisen Lebens.

Weise zu sein ist dem Menschen eigen, der das Abbild des weisen Gottes ist. Wenn Du also weise bist, ja damit Du weise bist:

1. so bedenke, was Du thust und je thun wirst, den Zweck und verteile auf den Zweck die Mittel: lerne die genauen Arten, die gegebenen Mittel benützen, damit Du nicht zugleich mit Deinen Mitteln zwecklos bist, wie es zumeist geschieht, daß die genügend von der göttlichen Güte herbeigeschafften Mittel durch menschliche Thorheit zugrunde gehen und ohne Nutzen sind. Wenn Du jene drei Punkte [1]) bei jedweder Sache kennst, dann kennst Du alles derselben.

2. Doch bedenke, daß Du die Zwecke der Dinge, die Mittel und Arten kennen mußt, nicht zum müßigen Schauspiele, sondern zum Gebrauche. Sonst ist, etwas zu haben und zu besitzen und zu verstehen, wenn man es nicht benützt, eitel.

Also (a) Alles von dem Du erkennst, daß es gut ist, das richte Dir gleichsam als Dein Ziel her.

(b) Alles von dem Du siehst, daß es zur Erreichung dieses Zieles beiträgt, das ergreife, behalte, betreibe.

(c) Bei allem, was Du betreibst, hüte Dich mit höchster Umsicht, daß Du es nicht zwecklos betreibst.

So wirst Du Deinen Wunsch erreichen: außer es möchte vielleicht da oder dort Gott es nicht wollen und Dir unüberwindliche Riegel vorschieben, aber dann ist der Trost da, daß Du nicht durch Deine Schuld jenes Gut entbehrst, sondern weil es Gott so gefiel, Deine Geduld wegen der ihm, wenn nicht Dir bekannten Gründe zu üben.

3. Und weil Dein Leben die gesamte Umfassung all Deiner Handlungen ist, so gestalte dies vor allen Einzelheiten Dir so, daß Du seinen Zweck vor Augen beständig hast und Du nach ihm allerwegen unablässig trachtest.

Was aber der Zweck unseres Lebens ist, wonach zu trachten Weisheit ist, lehrt Gott selbst (Deut. XXXII V. 29): „O daß sie weise wären und einsähen und vorhersähen ihre letzten Dinge." [2]) Siehe letzte Weisheit, das heißt höchste ist, die letzten Zwecke voraussehen. Was ist aber das Letzte, wenn nicht die Ewigkeit. Denn es ist das Letzte, worüber hinaus es nichts gibt. Und doch über all dies, was es hier in der Welt gibt, gibt es immer noch etwas Weiteres.

Infolge der Geburt kommt man ins Leben, von da geht es in den Tod, von dort aus zur Auferstehung; endlich beginnt ein unbegrenztes Leben, woraus kein Ausgang offensteht und folglich über das hinaus es

---

[1]) Zweck, Mittel, Art ihrer Benützung.

[2]) Comenius zitiert die Bibel stets nach dem Texte der Vulgata. Daß dieser mit dem von den Päpsten Sixtus V. und Clemens VIII. allein als für die katholische Kirche giltig anerkannten Texte nicht an allen Stellen übereinstimmt, ist sehr erklärlich, da das ganze Mittelalter hindurch dieser Text kleine Abweichungen durch die Abschreiber erlitt. Comenius hat auch die alte hebräische Psalmen-

I. Regulae vitae sapientis.

Sapere proprium est hominis, qui sapientis Dei imago est. Tu ergo si sapis, imo ut sapias:

1. Quidquid agis et nunquam ages, prospice finem: et ad finem dispice media; datisque mediis utendi disce modos accuratos, ne unâ cum mediis tuis frustra sis; uti plerumque fit, ut sufficienter a divina bonitate subministrata media humanâ stoliditate pereant sineque usu sunt. Tria illa[1]) in quacunque re sciveris, omnia ejus sciveris.

2. Fines tamen rerum, media, modosque memento scire te debere non ad otiosa spectacula, sed ad usum. Habere alioquin aliquid et possidere et intelligere, si non utaris, vanum est.

Ergo (a) Quidquid bonum esse intelligis, illud veluti scopum tuum collima.

(b) Quidquid ad assequendum scopum tuum conferre vides, id prehende, tene, urge.

(c) Quidquid urges, ne frustra urgeas, summa circumspectione cave.

Ita nullo non voto potieris tuo; nisi forsan alicubi nolit Deus, obicesque tibi insuperabiles opponat: Sed tum in promptu est solatium, te non culpâ tuâ bonô illô carere, sed quia Deo sic visum patientiam exercere tuam ob causas sibi, si non tibi notas.

3. Et quia vita tua omnium actionum tuarum universus complexus est, hanc ante omnia particularia sic tibi dispone, ut finem ejus ob oculos habeas perpetuo et ad illum viis omnibus contendas indesinenter.

Quis autem sit vitae nostrae finis, ad quem collimare sapientia sit, docet Deus ipse Deut. 32 V. 29 [2]) „Utinam saperent et intelligerent et providerent novissima sua". Ecce sapientia ultima, hoc est summa est, ultimos providere fines. Quid autem est ultimum, nisi aeternitas? Ultimum enim est, ultra quod nihil datur. Atqui ultra omnia, quae hic in mundo sunt, semper aliquid ulterius datur.

A nativitate venitur in vitam: inde itur in mortem, hinc ad resurrectionem: demum incipit vita interminabilis, ex quâ nullus patebit exitus et per consequens ultra quam nihil datur.

einteilung, wornach Pfalm IX in zwei Pfalmen zerfällt, so daß die Pfalmenzahl bis zum Pfalm CXIII um einen größer ist, bis im 113. Pfalm der katholischen Vulgata neuerdings eine Zusammenziehung zweier Pfalmen erfolgt, während der Pfalm XCIV mit Vers 9 abbricht, Vers 10 den Pfalm CXV beginnt und in gleicher Weise Pfalm CXLVI mit Vers 11 schließt, Pfalm CXLVII mit Vers 12 anfängt, so daß gegen den Schluß die Pfalmenzahl (150) wieder die gleiche wird. — Besonders gerne zitiert außer den Pfalmen Comenius Stellen aus den Briefen des Apostels Paulus. — Die hier zitierte Stelle lautet in der Vulgata: „Utinam saperent et intelligerent ac novissima providerent."

nichts gibt. Also ist die Ewigkeit selbst dies unser letztes Ding, über das hinaus nichts mehr bleibt, also ist, diese von Anfang an gleich voraus= sehen und auf diese alle Mitteldinge einteilen, wahre Weisheit. Also sind jene, die sich nur um Mitteldinge kümmern, der letzten Dinge vergessen, Thoren und zwar zu ihrem Schaden Thoren, weil sie Mitteldinge ohne Zweck ergreifen und so bewirken, daß sie der ewigen Glückseligkeit verlustig gehen und in ewiges Unglück stürzen.

Bedenke also

1. Daß Deines Lebens Ziel ist, zur Ewigkeit Dich vorzubereiten. (Hast Du dies nicht vorhergesehen, so hast Du das Leben verloren. Und dann wäre es besser gewesen nicht geboren zu werden.)

2. Weil man jedoch zur Ewigkeit nur durch den Tod kommt, so sollst Du Dich im ganzen Leben auf den Tod vorbereiten (damit er für Dich ein guter sei, Dich nicht verschlinge, sondern zur Ewigkeit nur hinübergeleite).

3. Weil man aber zu einem guten Tode nur durch ein gutes Leben kommt, so sollst Du Dein ganzes Leben das thun, daß Du gut lebst, d. h. heilig nach dem Willen dessen, der als Herr über Leben und Tod den Guten Leben, den Bösen Tod bestimmt hat.

4. Und weil man zum guten Leben nur durch gute Auferbauung gelangt (der an das Schlechte Gewöhnte kann seinen Charakter, wie der Mohr seine Haut nicht ändern [Jerem. XIII, 23][1], weil die Gewohnheit zur Natur wird), so sollst Du im ganzen Leben das thun, daß Du alles was böse ist oder den Schein des Bösen hat (I. Thessalonich. V, 22)[2] vermeidest: hinwiederum aber, was ehrbar, was gerecht, was heilig, was lieblich, was wohllautet, ist etwa eine Tugend, ist etwa ein Lob, das bedenket" (Phil. IV, 8).[3]

5. Und weil niemand dem Guten folgen, das Böse fliehen kann, außer wer einsieht, was wahrhaft gut und böse ist (weil es keine Begierde nach dem unbekannten Guten, keinen Abscheu vor dem unbekannten Bösen gibt), so wird man das im ganzen Leben thun müssen, daß Du Dich nicht dieser Welt gleichstellest, sondern Dich veränderst in Verneuerung Deines Sinnes und daß Du prüfen mögest, welches da sei der wohl= gefällige und vollkommene Gottes Wille (Röm. XII, 2).[4]

6. Und weil die Gedanken der Sterblichen zaghaft sind und un= gewiß unsere Voraussichten (Weisheit IX, 14)[5], so wirst Du dies im ganzen Leben thun müssen, daß Du mit Furcht und Zittern an Deinem Heile arbeitest (Philipp. II, 12),[6] nicht blos, daß Du, die Sünden scheuend, sie nicht begehst, sondern auch daß selbst Deine guten Thaten weder der Meinung nach blos gut sind, indem Heuchelei sich einmischt,

---

[1] Die Stelle lautet in der Vulgata: Si mutare potest Aethiops pellem suam aut pardus varietates suas: et vos poteritis benefacere, cum didi- ceritis malum.

[2] Die Stelle lautet: Ab omni specie mala abstinete vos.

[3] Die Stelle lautet: De cetero fratres, quaecumque sunt vera, quae- cumque pudica, quaecumque justa, quaecumque sancta, quaecumque ama-

Ergo aeternitas ipsa novissimum illud nostrum est: ultra quod nihil restat, ergo hanc ab initio statim providere et ad hanc omnia intermedia disponere vera sapientia est. Ergo qui intermedia tantum curant, ultimorum obliviscuntur, desipiunt, et quidem noxie desipiunt, quia media sine fine apprehendunt, utque aeterna beatitudine excidant et in aeternam calamitatem prolabantur, efficiunt.

Memento igitur

1. Vitae tuae scopum esse ad aeternitatem praeparari. (Hoc nisi provideris, vitam perdideris. Atque tum non nasci praestitisset.)

2. Ad aeternitatem tamen quia non venitur nisi per mortem, totâ vitâ praeparabis te ad mortem. (Ut bona tibi sit, te non absorbeat, sed ad aeternitatem tantum intromittat.)

3. Ad mortem autem bonam quia non pervenitur nisi per vitam bonam; totâ vitâ hoc ages, ut bene vivas, hoc est sancte ad voluntatem ejus, qui vitae mortisque arbiter, bonis vitam, malis mortem destinavit.

4. Et quia ad vitam bonam non pervenitur nisi per adsuefactionem bonam (malis adsuefactus mutare mores, ut Aethiops pellem, non potest Jerem. 13. 23[1]) quia consuetudo abit in naturam) totâ vitâ hoc ages, ut quidquid malum est, aut mali speciem habet (I. Thessal. 5. 22 [2]), id averseris: rursum autem „quaecunque pudica, quaecunque justa, quaecunque sancta, quaecunque amabilia, quaecunque bonae famae, si qua virtus, si qua laus", haec cogites (Phil. 4. 8). [3]

5. Et quia sequi bona, fugere mala nemo potest nisi quis quid vere bonum et malum sit, intelligit (quia ignoti boni nulla cupido, ignorati mali nullus honor) totâ vitâ hoc agendum erit, ut Te non conformes huic seculo, sed reformeris in novitate sensus Tui: utque probes, quae sit voluntas Dei bona et beneplacens et perfecta (Rom. 12. 2). [4]

6. Et quia cogitationes mortalium sunt timidae et incertae providentiae nostrae: (Sap. 9. 14) [5] totâ vitâ hoc tibi agendum erit, ut cum timore et tremore opereris salutem tuam: (Philipp. 2. 12) [6] non solum ut peccata horrens, ne admittas; sed et ipsa tua bona facta, ne aut opinione tantum bona sint, hypocrisi admistâ, aut te in Pharisaicam tui complacentiam praecipitent.

---

bilia, quaecumque bonae formae, si qua virtus, si qua laus disciplinae haec cogitate.

[4]) Die Stelle lautet: Et nolite conformari huic seculo sed reformamini in novitate sensus vestri: ut probetis, quae sit voluntas Dei bona et beneplacens et perfecta.

[5]) Die Stelle lautet: Cogitationes enim mortalium timidae et incertae providentiae nostrae.

[6]) Die Stelle lautet: cum metu et tremore vestram salutem operamini.

noch sie Dich in pharisäisches Wohlgefallen an Dir selbst stürzen. Du sollst daher an keinen andern als an den im Grunde der Barmherzigkeit Gottes und den des Verdienstes Christi befestigten Anker denken: indem Du erst dann mit diesem Schilde sicher sein wirst, wenn Du ganz mit Verzicht auf Deinen eigenen Willen und mit Verzicht auf alles Selbst= vertrauen auf Dich und auf alle Geschöpfe Gott allein die Entscheidung überlässest, über Dich hier und in Ewigkeit zu bestimmen.

Kurz lebe, solange Du lebst, gleichsam als ob Du sterben wolltest: damit du stirbst, wenn Du stirbst, gleichsam als ob Du leben wolltest. Wehe nämlich denen, die zum Tode auferstehen. Wenn Du zum Leben wirst auferstehen wollen, dann mußt Du sehen, daß Du nicht im Tode stirbst. Wenn Du im Tode nicht sterben willst, so mußt Du vor dem Tode des Todes Stachel, der die Sünden sind, abstumpfen (1. Korinth. XV, 56).[1]) Sterben aber werden vor Dir die Sünden, wenn Du Dir Mühe gibst, daß in Dir Christus lebt (Gal. II, 20),[2]) denn weil Christus des Lebens Quell ist, wird er in Dir sprudeln zum ewigen Leben: und der Tod wird für Dich kein Tod sein, wie er für Ihn es nicht war, sondern der Uebergang zum unsterblichen Leben.

Dies ist wahre Weisheit, stufenmäßige Unterordnung der Zwecke und Mittel von dem ersten bis zu dem letzten und ihre genaue Beachtung. Damit Du nicht abirrst von den Stufen und in den Abgrund stürzest, leite Dich Gott.

II. Regeln eines harmonischen Lebens.

Die Quelle jeder Harmonie, Gott, hat alles harmonisch gestaltet, besonders den Menschen, sein Ebenbild, soferne wir nun durch unsere Handlungen selbst nicht die Harmonie stören in den Augen und Ohren Gottes, der Engel, der uns weise betrachtenden Menschen. Damit Du sie also nicht störest, sollst Du folgendes thun:

1. Immer erwäge, treibe, behandle das Frühere früher, das Vor= nehmlichere vornehmlicher, das Ernste ernst, das Schöne schön, das Freund= liche freundlich, das Göttliche göttlich, das Menschliche menschlich. Sonst wirst Du Dich und die Dinge verwirren.

2. Deine Theorie mit der Praxis seien sich immer untrennbare Ge= fährten. Alles was Du Gutes weißt, das thue, und alles was Du Gutes thust, das bedenke, ob Du es gut thust und warum. Damit du nicht ähnlich werdest entweder den Pharisäern, die sagen und nicht thun (Matth. XXIII, 3),[3]) oder den Samaritanern, die anbeten und nicht wissen was (Joh. IV, 22).[4])

3. Deine inneren Verhältnisse seien angemessen den äußeren. Näm= lich, daß, was Du scheinen willst, Du auch wirklich bist: sonst wirst Du Gott zum Abscheu sein. Weil dessen Werke Wahrheit sind (Psalm 111, V. 6),[5]) so liebt er auch an uns die Wahrheit (Psalm 51, 7)[6]) und haßt Heuchelei. „Weh euch, ihr Heuchler, die ihr gleich seid wie die

---

[1]) Die Stelle lautet: Stimulus autem mortis peccatum est: virtus vero peccati lex.

Nullam itaque praeter in misericordia Dei et merito Christi, defixam anchoram cogitabis: eô demum scutô securus futurus, si resignatâ omni voluntate propriâ omnique tui et omnium creaturarum fiduciâ depositâ, Deo uni de te hîc et in aeternum disponendi tradas arbitrium.

Breviter vive, dum vivis, tanquam moriturus: ut moriaris, dum morieris tanquam victurus. Vae enim illis, qui ad mortem resurgent. Tu si resurgere voles ad vitam, videndum tibi ne moriaris in morte. Si in morte mori non vis, hebetandi tibi sunt ante mortem mortis stimuli, qui sunt peccata (1 Cor. 15 56). [1]) Morientur autem ante te peccata, si operam dederis, ut vivat in te Christus (Gal. 2. 20). [2]) Christus enim quia vitae fons est, scaturiet in te in vitam aeternam: morsque tibi non erit mors, ut nec Illi fuit, sed transitus ad vitam immortalem.

Haec est sapientia vera, subordinatio finium et mediorum gradata, a primis ad ultima usque observatioque eorum accurata; ne aberres a gradibus et incidus in praecipitia, Deus te regat.

II. Regulae vitae harmonicae.

Omnis harmoniae fons, Deus, harmonice fecit omnia: in primis hominem imaginem suam, si modo irrationabilibus nostris factis ipsimet harmoniam ne turbemus, in oculis et auribus Dei, angelorum, hominumque sapienter nos intuentium. Ergo ne turbes tu, haec ages.

1. Semper priora prius, potiora potius; seria serio; pulchra pulchre, amica amice; divina divine; humana humaniter etc. pensa, age, tracta. Alias confundes te et res.

2. Theoria tua cum praxi individui sibi semper sint comites. Quidquid boni scis, fac; et quidquid boni facis, an bene facias et cur, cogita. Ut ne similis fias vel Phariseis, qui dicunt et non faciunt (Math. 23. 3) [3]) vel Samaritanis, qui adorant et nesciunt quid (Joh. 4. 22). [4])

3. Interna tua conformia sint externis. Nempe ut quod videri vis, sis etiam vere: abominationi aliàs futurus Deo. Cujus opera quia sunt veritas (Psal. 111. v. 6) [5]) etiam in nobis veritatem diligit (Psal. 51. 7) [6]) hypocritas odit. Vae, vobis hypocritae, qui similes estis sepulchris dealbatis, quae foris

---

[1]) Die Stelle lautet: Vivo autem, jam non ego: vivit vero in me Christus.

[3]) Die Stelle lautet: dicunt enim et non faciunt.

[4]) Die Stelle lautet: Vos adoratis quod nescitis: nos adoramus quod scimus.

[5]) Die Stelle lautet (Psalm CX Vers 7): opera manuum ejus veritas et judicium.

[6]) Die Stelle lautet (Psalm L, 8): Ecce enim veritatem dilexisti: incerta et occulta sapientiae tuae manifestasti mihi.

3

übertünchten Gräber, die auswendig hübsch scheinen, aber inwendig sind sie voller Totenbeine" (Matth. XXIII, 27). [1)]

4. Endlich sollen vor den Menschen auch Deine Gedanken, Worte und Werke übereinstimmend auftreten. Nie soll das Herz mit dem Munde im Widerspruche stehen, noch der Mund mit der Hand. Ein Mann mit doppeltem Herzen ist ein Ungeheuer.

III. Regeln eines ruhigen Lebens.

Das höchste Gut im Leben ist ein ruhiger und heiterer Sinn, frei von den Stürmen der Aengstlichkeiten. Damit Du diesen Glückshafen innehast, beachte folgendes:

1. Was immer deinen Sinn oder dein Gewissen stören kann, dem suche zuvor zu kommen, damit Du an solchen Dingen keinen Anteil hast. Es können aber den Geist die Menge oder die Fremdartigkeit der Geschäfte stören, wenn sich jemand aber in diese verwickelt, wird er Dornen sicher finden, wenn sie auch manchmal Rosen scheinen. Damit Du also ruhig bist, hüte Dich ein Geschäftskrämer, ein geschäftiger Müßiggänger zu sein, und was Dein ist, das thue still, laß Fremdes; in Deinen Angelegenheiten, sei nicht allzu düftelig neugierig und über alle möglichen Kleinigkeiten ängstlich, thue das, was auf Dein und der Deinen Heil in erster Linie abzielt, das Uebrige überlasse Gott, der sich um uns kümmert.

Das Gewissen wird aber gestört durch begangene Sünden: wenn die Seele, sich des Schlechten bewußt, vor den Augen Gottes und der Menschen errötet und vor der verdienten Strafe zittert. Also wenn Du ein ruhiges Gewissen willst, dann mache, daß es nichts Dir vorzuwerfen hat, d. h. begehe niemals mit Wissen und Willen eine Sünde. Und wenn Du die Sünde meiden willst, so meide die Gelegenheiten hiezu, als da sind schlechte Gesellschaft, verdächtige Orte ꝛc. Unklug ist, wer, wo er einen andern hat fallen sehen, doch dorthin geeilt ist. Ach, wir sehen täglich bei den Gelegenheiten Menschen fallen und zugrunde gehen, und doch hüten wir uns nicht.

2. Wenn Du einmal in Gelegenheiten (welcher Sünde immer) gerätst, bestärke Deinen Geist, damit Du nicht unterliegst, sondern als Sieger davongehst. Also bedarf es des Kampfes: und zum Kampfe für die Erhaltung eines unbefleckten Gewissens der Waffen der Tugend. Entreiße Du Dich also durch Flucht (indem Du gleichgiltig erachtest, was schlechte Gesellschaften über Dich urteilen werden) oder bleibe unerschütterlich, jenes Apostolische Wort bedenkend: Ich bin der Welt gekreuzigt und die Welt für mich. [2)] Und weil es nicht umsonst gesagt ist, die Gelegenheiten machen den Menschen nicht schlecht, sondern sie zeigen, wie er ist (zum Feuer gebrachter Sand brennt nicht, wohl aber Werg), so bedenke, in Versuchung geführt: Wenn ich dem Schlechten zustimme, so habe ich gezeigt, daß ich böse bin und ein Heuchler war. Also werde ich an dem Vorsatze, die Tugend zu erhalten, festhalten und mich nicht umstimmen lassen. Bedenke aber, daß bei den Versuchungen des Fleisches die Flucht immer besser ist, als der Kampf, und daß Joseph weise gehandelt hat, der, da eine ver-

parent hominibus speciosa, intus vero plena sunt ossibus mortuorum (Matth. 23. 27). [1])

4. Tandem coram hominibus quoque cogitationes, verba, factaque tua, parallele incedant. Cor nunquam dissideat ori, nec os manui. Vir duplici corde monstrum est etc.

III. Regulae vitae tranquillae.

Summum in vita bonum est animus tranquillus ac serenus, ab auxietudinum procellis liber. Hunc beatum portum ut teneas sequentia observa.

1. Quidquid mentem aut conscientiam turbare possit, praevenire labora, ne cum talibus rebus quicquam participes. Possunt autem turbare mentem negotiorum multitudo aut alienitas; quibus si quis se implicat, spinas inveniet certo, tametsi: aliquando rosae videantur. Ergo ut tranquillus sis, cave esse πολυπραγμων, ardelio; quae tua sunt, tacite age, aliena relinque; in tuis etiam non nimis scrupulose curiosus et de quibusvis minutiis anxius, Fac ea, quae salutem tuam et tuorum primario spectant, reliqua committe Deo, cui cura est de nobis. Conscientia vero turbatur admissis peccatis: cum anima sibi male conscia oculos Dei, hominum erubescit, poenamque promeritam trepidat. Ergo si conscientiam vis tranquillam, ne habeat quod Tibi objiciat, effice: hoc est, peccata nulla nunquam sciens volens admitte. Atque si vitare peccata vis, vita occassiones: cujusmodi sunt prava sodalitia, loca suspecta etc. Imprudens est, qui ubi alium cecidisse vidit, eodem perrexit tamen. At nos quotidie homines inter occasiones labi et perire videmus, et non carebimus tamen.

2. Si quando in occasiones (cujuscunque peccati) incidis, obfirma animum, ut non succumbas, sed victor abeas. Pugna igitur opus: et ad pugnam pro conscientia servanda illaesa virtutis armis. Aut igitur te eripe fuga (susque deque habito quid prava sodalitia de te judicatura sint) aut persta immotus, Apostolicum illud cogitans: „Ego mundo crucifixus sum et mundus mihi".[2]) Et quia non frustra dictum est, occasiones neminem malum faciunt, sed qualis quis sit ostendant (nempe igni admota arena non ardet, stupa ardet) cogita in tentationem delatus: Si malis consensero, malum me esse, et fuisse hypocritam ostendero. Ergo in proposito virtutis retinendae reservabo nec me dimoveri patiar. Memento autem, tutiorem in tentationibus carnis semper esse fugam quam pugnam: sapienterque

---

[1]) Die Stelle lautet: Vae nobis, scribae et pharisaei hypocritae, quia similes estis sepulcris dealbatis quae aforis parent hominibus speciosa, intus vero plena sunt ossibus mortuorum et omni spurcitia.

[2]) Es ist die Stelle aus dem Briefe des Apostels Paulus an die Galater VI 14 gemeint: Mihi autem absit gloriari nisi in cruce Domini nostri Jesu Christi: per quem mihi mundus crucifixus est et ego mundo.

nünftige Verteidigung seines ehrbaren Vorsatzes nicht hinreichte, durch Flucht sich lieber entziehen als mit Worten streiten wollte. Mit mehr Schimpf (und Gefahr) treibt man einen Feind hinaus, als man ihn nicht hereinläßt.[1]

3. Wenn aber einmal gegen Laster zu kämpfen ist, und Du überhaupt nicht den Verletzungen des Gewissens entgehst, dann sammle Dich rasch und zerstöre dem Satan, der in Dir es bauen will, das Nest, d. h. gleich nach dem Beginne der Sünde bethätige sofort Reue, ehe der Abscheu vor der Sünde erlischt und das tötliche Gift süß wird und das Gewissen zu sterben beginnt. Wer mit Wissen und Willen sich an die Sünde gewöhnt, der bietet dem Teufel Hände und Füße, um sie in die Bande schlechter Gewohnheit verstricken zu lassen, so daß er später sich nicht befreien kann, auch wenn er will (2. Timoth. II., 25, 26).[2] Es gelte Dir also gleich einem ewigen Gesetze jener Spruch:

Widerstehe dem Anfang; zu spät sonst sucht man ein Mittel,
Wenn das Uebel ward mächtig durch langen Verhalt.[3]

Gegen die Stimme des von der Sünde gestörten Gewissens gibt es einen Zufluchtsort nur in dem Hafen der Reue; leichter, wenn Du nicht zu weit fortgeschritten bist; schwieriger und mit der Gefahr der Verschlingung, wenn Du weiter dahingerissen worden bist. Niemals also sündige wegen der Hoffnung auf Reue, da Du nicht weißt, ob Du sie üben kannst. Freiwillig Sündige pflegen nämlich vom Geiste Gottes verlassen zu werden, von diesem Führer aber zur Reue verlassen, finden sie die Reue nicht (Hebr. XII, 17).[4] Aber auch dies bedenke, daß es an sich besser ist, das Gefäß nicht beschmutzen zu lassen, als es auszuspülen; daß es besser ist, nicht verwundet zu werden, als sich heilen zu lassen; besser, den Feind vom Innern des Landes auszuschließen, als ihn hineinzulassen und ihn, der alles verwüstet, vertreiben zu wollen &c., weil es sowohl leichter als sicherer ist.

4. Kurz, weil diese Welt ein Meer von Beunruhigungen ist, und wir in einem Gewirre der Dinge leben, so thue, damit Du so sicher wie nur möglich, wenn nicht überhaupt ruhig sein kannst, dies:

a) Unterhalte Dich mehr mit Gott als den Menschen (Er sei Dir Deine vertrauteste Wonne).

b) Achte mehr auf Dich als auf andere, nämlich damit Du das Deine, nicht Fremdes thuest. Habe selbst mehr Sorge um Dich, als daß Du sie anderen überläffest; und endlich stütze Dich auf Dich selbst eher als auf irgend jemanden anderen. Gewöhne Dich nicht, sage ich, Dich auf andere zu stützen (was recht sehr wohl beachte!) Deine Thätigkeit in Deinen Geschäften, Dein Bewußtsein der rechten Absicht, Dein Vertrauen auf Gott seien Dir ein heiliger Anker.

---

[1] Dieser Satz ist ein Hexameter aus Ovidius Tristia lib. V. c. 6 V. 13 Turpius cicitur, quam non admittitur hospes (nach jetziger Leseart statt der früheren hostis).

[2] Die Stelle lautet: 24, Servum autem Domini non oportet litigare: sed mansuetum esse ad omnes, docibilem, patientem 25 Cum modestia

fecisse Josephum, qui cum non sufficeret rationabilis honesti propositi defensio, fugâ se eripere quam disputare maluit. Turpius ejicitur (et periculosius) quam non admittitur hostis. [1]

3. Si quando pugnandum est adversus vitia, nec omnino conscientiae vulnera effugis, recollige te mox, Satanaeque in te nidificare incipienti illico disjice nidum. Hoc est sub initia peccati mox poenitentiam age, antequam peccati exspiret horror et mortiferum dulcescat venenum morique incipiat conscientia. Qui sciens volens peccato asuescit, manus et pedes praebet diabolo constringendos consuetudinis malae vinculis: ut se liberare post non possit, tametsi velit (2. Tim. 2. 25, 26). [2] Aeternae itaque legis instar tibi sit illud:

Principiis obsta: sero medicina paratur,
Cum mala per longas invaluere moras. [3]

A procellis conscientiae peccato turbatae non datur refugium nisi ad poenitentiae portum: facilius, si non longe fueris progressus; difficilius et cum absorptionis periculo, si longius fueris abreptus. Nunquam ergo propter poenitentiae spem peccaveris: incertus an eam agere possis. Sponte enim peccantes deseri solent a spiritu Dei: quô ad poenitentiam duce destituti poenitentiam non inveniunt (Hebr. 12. 17). [4] Sed et hoc cogita: Per se melius esse, vas non inquinari quam elui, meliusque non vulnerari, quam curari, melius hostem regni visceribus excludere quam intromissum et omnia vastantem expellere velle etc. quia et facilius et tutius.

4. In summa, quia mundus hic inquietudinum mare est, inque tumultu rerum hîc vivimus ut quam potes securus sis, si non omnimo tranquillus, haec age

a) Plus Deo quam hominibus conversare (Ille sit intimae deliciae tuae).

b) Plus tibi quam aliis attende. Nempe ut agas tua, non aliena tuique curam ipse potius habeas, quam aliis committas; et denique te ipso potius nitaris, quam quocumque alio. Aliis inquam niti (quod perquam bene nota) ne consuescas, tua tibi in negotiis tuis industria, tua recti propositi conscientia, tua in Deum fiducia anchora sacra sunto.

<hr>

corripientem eos qui resistunt veritati: nequando Deus det illis poenitentiam ad cognoscendam veritatem, 26) Et recipiscant a diaboli laqueis, a quo captivi tenentur ad ipsius voluntatem. Es handelt sich hier nur um den Vergleich der Bande der schlechten Gewohnheit mit den Striken des Teufels.

[3] Auch hier wird wieder ein Distichon aus Ovid zitiert und zwar das so allbekannte, obschon viele, die es im Munde führen, nicht wissen, daß es aus einer so wenig sittlichen Schrift, wie es Ovids Remediorum amoris liber ist, V. 91 und 92 stammt.

[4] Die Stelle lautet im Apostelbriefe, in dem von Esau die Rede ist: Scitote enim, quoniam et postea cupiens hereditare benedictionem reprobatus est: non enim invenit poenitentiae locum, quamquam cum lacrymis inquisisset eam.

c) Widme Dich immer mehr dem Geiste als dem Leibe. Recht sagt Epiktet: [1]) Das, was unsern Körper betrifft, thue man flüchtig. Die Dinge des Geistes sind gefesselter Sorgfalt würdig. Den Körper haben wir nämlich von der Erde, der nicht höher zu schätzen ist, als irdene Gefäße verdienen. Der Geist ist aus Gott, also größer als die Welt, hoch zu schätzen, rein zu halten, um ihn unbefleckt Gott zurückzugeben. Wenn Du die Seele verlierst, dann wird zu ihrer Wiedergewinnung die ganze Welt nicht genügen. Also der Leib diene, die Seele herrsche: wenn Du dieser das Szepter gibst und sie den Leib frei gebrauchen lassest, dann wirst Du König Deiner Handlungen sein, und es werden sich Dir unendliche von allzu großer Sorge um den Leib gewöhnlich kommende Beschwerden mindern.

Dies sind die wahren Wege der Ruhe. Wenn Du in diese trittst, wird nicht leicht Dich etwas mit Deiner Schuld stören. Wenn aber etwas von fremder Bosheit kommen wird oder von der Zulassung Gottes (der die Seinen ohne Prüfung irgend welcher Art nicht sein läßt), so wird es zur Vermehrung der Freude dienen, und zur umso größeren Heiterkeit des Geistes. O Du Glücklicher, wenn Du Dich in diesen Schranken halten wirst!

IV. Regeln eines thätigen Lebens.

Zu Geschäften sind wir geboren. Das thätige Leben ist in Wahrheit ein Leben: der Müßiggang des lebenden Menschen ist Grab. Je ausgezeichneter irgend ein Geschöpf ist, desto thätiger: wie es an dem Beispiele der Engel, der Sonne, des Himmelsgewölbes, das immer in Bewegung ist, erhellt. Wie auch die Quellen, die immer ihre Gewässer sprudeln lassen und die Flüsse, die hieher und dorthin sie zu menschlichen Zwecken hinführen. Hingegen je träger etwas ist, desto unnützer, wie Stein, Kot, Pfütze ꝛc. Du also wirst Dich bemühen, daß Du nicht ein Stein, eine nutzlose Last der Erde bist, sondern eine thätige, immer leuchtende Sonne, oder ein immer den Menschen an Gottes Statt dienender Engel. Was ist aber hier zu beobachten?

1. Alles, was Du siehst, das von Dir geschehen soll und wozu Du die Mittel und den weisen Gebrauch der Mittel wohl kennest, das packe mutig an. Besser ist es, des gewagten Guten verfehlen (was manchmal der Fall ist), als die Gelegenheiten verabsäumen, das Gute, was es immer ist, zu vermehren.

2. Alles, was Du durch Dich selbst erledigen kannst, das erwarte nicht von andern, indem Du nämlich Deine Thätigkeit mehr verbrauchst als die eines andern. Häufiger auch trifft es sich zu, daß, ehe Du einem

---

[1]) Von den Schriften des Epiktet selbst, der ein griechisch-römischer Philosoph zur Zeit des Kaisers Domitian war, aber in Folge der von diesem Kaiser ausgesprochenen Verbannung aller Philosophen aus Rom nach Nikopolis zog, ist uns nichts erhalten. Sein Schüler Flavius Arrianus aus Nikomedien, nachmaliger Statthalter von Kappadokien unter Kaiser Hadrian, aber hat uns zwei Aufzeichnungen von Lehren und Sprüchen des Epiktet teilweise hinterlassen.

c) Plus animo quam corpori semper vaca. Recte Epictetus [1]) „Ea quae corporis sunt, facienda sunt obiter: Res animi demum fixâ curâ dignae sunt". Corpus enim terra habemus, non pluris aestimandum quam vasa lutea merentur: Animus ex Deo est, mundo igitur major, magni aestimandus, pure servandus, illibatus Deo restituendus. Si animam perdideris, redemptioni ejus mundus universus non sufficiet. Ergo corpus serviat, anima regnet: cui si sceptrum das, utque corpore libere utatur praestas, rex eris actionum tuarum nimuenturque tibi infinitae, a corporis nimia cura venire solitae molestiae.

Hae sunt tranquillitatis verae viae! quas si insistas, non facile te quidquam turbabit tuâ culpâ. Si quid vero ab aliena veniet malitia, aut ab inmissione Dei (qui suos sine probatione, qualiquali, raro esse permittit, quia eos virtutum et patientiae exercitiis perfici novit) cedet in gaudii augmenta, eoque majorem mentis serenitatem. Felicem te, si te intra hos continueris cancellos!

IV. Regulae vitae actuosae.

Ad negotia nati sumus. Vita ergo Activa vere vita est: otium vivi hominis sepultura. Quo excellentior creatura quaeque, eo actuosior: ut exemplô angelorum, solis, coelorumque, qui in perpetuo sunt motu, patet. Sicut et fontes, semper aquas scaturientes; et flumina, huc illuc eas humanos in usus deferentia. Contra quo quid torpidius, eo inutilius: ut lapis, lutum, lacuna etc. Tu ergo ut ne sis lapis, terrae inutile pondus, sed actuosus sol, semper lucens, vel angelus, semper hominibus Dei loco ministrans etc. dabis operam. Quid autem hîc observandum?

1. Quidquid a te fieri debere vides, et ad id media mediorumque prudentem usum non ignoras, id aggredi aude. Melius est bonis ausis excidere (quod aliquando contingit) quam occasiones bona quaeque multiplicandi negligere.

2. Quidquid per te ipsum expedire potes, alios nunquam expecta. Tuae scilicet plus fidens industriae quam alterius. Saepius etiam evenit, ut antequam alteri rem enarraveris, ille

---

Arrian, der in Xenophon sein literarisches Vorbild, in Epiktet ein Nachbild des Sokrates sah, hat außer seinen militärischen Schriften, von denen die bekannte Anabasis Alexandri die bedeutendste ist, zwei Schriften dem Andenken seines Lehrers geweiht: eine größere: Διατριβαί Ἐπικτήτου (dissertationes Epicteti) und eine kleinere Ἐγχειρίδιον Ἐπικτήτου (Manuale Epicteti). Von der ersten ist uns die Hälfte in 4 Büchern erhalten. Aus der zweiten, dem Enchiridion, stammt das obige Zitat Kap. XLI (nach der Ausgabe von Schweighäuser): ἀλλὰ ταῦτα (τὰ περὶ τὸ σῶμα) μὲν ἐν παρέργῳ ποιητέον, περὶ δὲ τὴν γνώμην ἡ πόσα ἔστω ἐπιστροφή.

andern eine Sache mitgeteilt haft, jener aber fie aufgefaßt, darüber nach=
gedacht und fich hiezu angefchickt hat, Du felbft die Sache erledigt haft.
Alfo lieber gerade darauf los ohne Umfchweife.

3. Alles was Du heute erledigen kannft, verfchiebe nicht auf morgen.
Immer war es von Nachteil denen, die zu verfchieben bereit waren. Die
Rabenftimme (kra, kra)[1] ift ein deutliches Verderben der Gefchäfte.

4. Wem immer Du nützen kannft, freue Dich, zu nützen, auch
wenn es der ganzen Welt wäre, denn es ift bereits gefagt, daß es Eigen=
heit ausgezeichneter Naturen ift zu dienen und zu nützen. Alfo wenn
Du kannft, ahme Gott nach, der allen dient, oder dem Engel, fo vielen
wie möglich. Träge und nutzlos fein rechne zu den verabfcheuungswürdigen
Dingen.

5. Kein Tag ohne Pinfelftrich. Du fiehft, wie fchnell fich das
Gebäude der Welt bewegt, während wir träge verweilen. Alfo fei nicht
langfam in Gefchäften: obfchon ich auch nicht will, daß Du haftig bift.
Ueberlege, was zu thun nötig ift, aber eine wohl überlegte Sache greife
rafch an, damit Dir nie umfonft die Sonne fcheint. Von jeder uns
gegebenen Zeit wird gefordert werden, wie fie verausgabt ift.

V. Regeln eines in Gefchäften ganz vergrabenen Lebens.

Bisweilen trifft es fich, daß Thätige ganz in Gefchäften vergraben
werden: doch deshalb darf man nicht die Thätigkeit des Lebens aufgeben.
Denn es werden Verkürzungen gegeben, wodurch die Befchwerden fich
heben können. Damit Du aber dies weißt, beachte diefes:

1. Lege der Zeit Wert bei, damit Du nichts von ihr nutzlos
vorüberfliehen läffeft. So werden Dir weit mehr Zeiträume zum Handeln
zur Verfügung offen ftehen als einem andern, der die Gelegenheiten nicht
zu ergreifen weiß.

2. Wer viel thun muß, der foll wenig fprechen. Ich meine es im
thätigen und leidenden Sinn, d. h. fowohl felbft fprich wenig, wenn zu
fprechen ift, als auch verlange, daß ein anderer fich kurz deffen entledigt,
was er fprechen will. Der Weifen Rede ift kurz; Poffen ohne Not=
wendigkeit zu treiben ift der Trägheit eigen.

3. Bei allem, was fich mit Hilfe anderer fchneller erledigen läßt,
verfäume es nicht, jene heranzuziehen. So gehen die Gefchäfte fchneller
von ftatten. Mehr Hände, mehr Arbeit, nur beachte Ordnung, damit Dich oder gegenfeitig fich diefe Deine Mitarbeiter nicht hindern
oder ftören.

4. Damit Du jedoch zu Arbeiten flinker bift, laffe manchmal Deinen
Geift ausruhen oder wechsle mit der Art der Befchäftigung. Was der
abwechfelnden Ruhe entbehrt, ift nicht dauernd. Ein gefpannter Bogen bricht.

VI. Regeln eines freier Muße gewidmeten Lebens.

Wenn es fich trifft von Arbeiten auszufetzen, dann ift es nicht
notwendig nichts zu thun, d. h. träge zu fein und feine Zeit nutzlos zu

autem perceperit, deliberaverit, sese accinxerit, tu ipse rem expediveris. Ergo recta potius sine ambagibus.

3. Quidquid expedirre potes hodie, in crastinum ne differ. Nocuit semper differre paratis: Vox corvina (cras, cras) [1] manifesta est negotiorum ruina.

4. Cuicui prodesse potes, prodesse gaude, etiam si mundo universo. Jam enim dictum est excellentium naturarum id esse proprium ministrare et prodesse. Ergo si potes, imitare Deum, qui ministrat omnibus: aut angelum, quam plurimis: Torpere et sine usu esse inter abominanda repone.

5. Nulla dies sine linea. Vides quam se celeriter movet mundi machina: dum nos lente agimus. Ergo tu ne sis lentus in negotiis: quanquam nec praecipitem esse volo. Delibera, quid actu opus: sed rem deliberatam ocjus aggredere, ne tibi unquam frustra Sol iste luceat. Omne tempus nobis impensum postulabitur quomodo sit expensum.

V. Regulae vitae negotiis dense obrutae.

Actuosos interdum negotiis obrui contingit: propter id tamen vitae actuositas deserenda non est. Dantur enim compendia, quibus molestiae levari possunt. Quod ut scias, haec observa.

1. Tempori pone pretium, ne ejus quicqnam inutiliter effluere patiaris. Ita tibi longe amplius patebunt agendi spatia quam alteri, qui occasiones captivare nescit.

2. Cui multa agenda sunt, illi paucis loquendum est. Active et passivo intellige: hoc est, et ipse pauca loquere, cum loquendum est; et alter ut se brevi expediat quam loqui vult, postula. Sapientum sermo brevis est, nugari citra necessitatem inertiae proprium.

3. Quidquid aliorum auxilio expediri potest celerius, adhibere illos ne intermitte. Ita negotia procedent celerius. Plus manuum, plus operis: modo servetur ordo, ne te aut se invicem cooperarii illi tui impediant aut turbent.

4. Ut tamen ad operas alacrior sis, remitte quandoque animum aut occupationis genus muta. Quod caret alternā requie, durabile non est. Arcus intensus rumpitur.

VI. Regulae vitae liberaliter otiosae.

A laboribus vacare si contingit, non est necesse nihil agere, hoc est torpere tempusque sine usu perdere. Nec proruere ad inutiles ludos, chartarum, aleae etc. Aliquid agendum

---

[1] Das Wortspiel cras, das den Krächzlaut der Raben (Krähen) andeutet und als lateinisches Wort „morgen" heißt, läßt sich im Deutschen nicht wiedergeben.

vergeuden, noch sich auf nutzlose Spiele mit Karten, Würfeln zu werfen. Man muß etwas thun, was sowohl Geist als Leib erfrischt. Dies wird geschehen durch Spazierengehen, Gespräche mit Freunden, Betreibung irgend einer häuslichen Thätigkeit ꝛc.

VII. (Regeln, die einer, der reisen will, zu beobachten hat.

Ich sehe, daß Du Verlangen nach Reisen hast und es auch Absicht der Deinen ist. Was Du also auch hiebei zu beachten hast, das will ich kurz hinzufügen:

1. Vor allem sollst Du daran denken, warum Du die Mühe der Reise auf Dich nimmst. Nämlich nicht um neue Berge, Felder, Wälder, Flüsse, Meere, Menschen oder Tiere ꝛc. zu sehen; denn solche kannst Du zuhause sehen. In diesem Sinne wurde von jemanden das richtige Wort gesprochen: Wer einen Menschen, einen Löwen, einen Berg, einen Wald, eine Stadt gesehen hat, hat die Welt gesehen. Denn die Welt besteht aus solchen Dingen. Sondern damit Du weise und gelehrte Männer siehst, hörest, ansprichst, aus deren Unterhaltung Du Mehrung der Weisheit und Tugenden gewinnst.

2. Daher, wenn Du im Begriffe bist zu Fremden zu gehen, sollst Du nicht dahin gehen, gleichsam wie auf einen anderen Erdball (die ganze Welt ist für einen weisen Mann Vaterland), sondern gleichsam wie in eine Schule, die Gott allgemein sein lassen wollte, damit wir einander ein Schauspiel sind, und damit wir durch wechselseitigen Anblick und Reibung uns einander üben und schärfen.

3. Du sollst denken, daß weil Du nicht aus der Welt gehen kannst, Du überall Welt finden wirst: d. h. eitle Menschen, weltliche, eine Mischung von Gut und Böse. Also gegen die vergifteten Pfeile der Aergernisse und Verderbtheiten sollst Du Deine Brust wappnen, indem Du den Schild des festesten Vorsatzes nimmst nichts zu beachten, zu bewundern, zu lieben, nachhause zu bringen als das, wodurch Dir und den Deinen und dem Vaterlande oder der Kirche irgend ein Zuwachs an Tugend und Glück werden kann.

4. Du sollst von den Blicken der Eltern und von dem Heimatlande nicht weggehen wie Kain [1]) von dem Antlitze Gottes, um ein Feld für Gottlosigkeit und Frechheit zu suchen (denn wohin immer Du gehst, es werden Dich die Augen Gottes begleiten und mit diesen muß sich der Segen oder Fluch über Dich ergießen), sondern wie der junge Tobias, [2]) um dem Wunsche der Eltern zu entsprechen, und um bei den Fremden die irgendwo innen liegenden Schätze der Weisheit und der guten Beispiele zu suchen. Also mit reiner Absicht, reinem Gemüte, Herzen und mit ganz keuschen Sinnen. So wird bei Dir endlich der sein, der Dich geleitet, hin- und zurückführt, der Engel des Herrn.

Kurz: wo immer Du bist,
Lebe Gott, der der Geber Deines Lebens ist,
Lebe dem Gewissen, das das Leben Deines Lebens ist,
Lebe dem guten Namen, der das Leben nach Deinem Leben ist.

est, quod recreet tam mentem quam corpus. Quod fiet deambulando, cum amicis confabulando, oeconomica quaedam tractando etc.

VII. Regulae Peregrinaturo observandae.

Peregrinationis video tibi esse desiderium, propositumque tuis. Quid ergo ibi quoque attendendum tibi sit, pauxilla subjungam.

1. Ante omnia cogitabis, cur peregrinationis suscipias laborem? Nempe non ut novos videas montes, campos, sylvas, flumina, maria, homines aut bestias etc. Talia enim domi videre potes. (Quo sensu recte dictum est a quodam: Qui unum vidit hominem, unum bovem, unum montem, unam sylvam, unam urbem etc. mundum vidit: mundus enim ex talibus constat.) Sed ut videas, audias, alloquaris viros sapientes et doctos, ex quorum conversatione sapientiae et virtutum capias augmenta.

2. Ad exteros itaque iturus non ibis tanquam in alium orbem (mundus totus viro sapienti patria est) sed tanquam ad scholam, quam communem esse voluit Deus, ut alii aliis theatro simus, mutuoque aspectu et affrictu nosmet invicem exerceamus acuamusque.

3. Cogitabis, quia extra mundum ire non potes, mundum te reperturum ubique: id est homines vanos, profanos, mali bonique mixturam. Adversus itaque scandalorum et corruptelarum venenata tela, pectus tuum circummunies, assumptô firmissimi propositi scutô nihil attendendi, admirandi, adamandi domumque reportandi nisi per quod tibi et tuis Patriaeque aut ecclesiae virtutis et felicitatis accessio aliqua fieri possit.

4. Ibis a conspectu parentum terraque patria non sicut Cain [1] a facie dei profugus ad quaerendum impietati licentiaeque campum: (Quocunque enim ibis, comitabuntur te oculi Dei; et cum illis benedictio aut maledictio effundenda super te;) sed ut Tobias junior [2] satis facturus parentum voluntati, quaesiturusque apud exteros ubiubi depositos sapientiae bonorumque exemplorum thesauros. Ergo intentione purâ, animo, corde sensibusque omnibus castis. Ita demum tibi aderit, qui te comitetur, ducat et reducat Angelus Domini.

In summa: Ubiubi fueris,
Vive Deo, qui est dator vitae tuae;
Vive conscientiae, quae est vita vitae tuae;
Vive famae, quae est vita post vitam tuam.

---

[1] Genesis C. IV ℣. 16: Egressusque Cain a facie Domini, habitavit profugus in terra ad orientalem plagam Eden.

[2] Liber Tobiae C. V. ℣. 1 Tunc respondit Tobias patri suo et dixit: omnia quaecumque praecepisti mihi, faciam, pater.

Und so sei mit Dir der Geist Christi (damit Du dies alles wohl erfassest und beachtest) und ich wünsche Deiner Seele Heil, alles Glück Deinen Handlungen und Eurem Hause in Kirche und Vaterland dauernden, durch Dich auch der Nachwelt zu überliefernden Glanz von ganzem Herzen.

Dein innigster Freund
Am Tage, an dem Du von mir scheidest, am 9. Juni
des Jahres 1645

Comenius.

Itaque tibi adsit spiritus Christi (ut haec omnia recte percipias et observes) atque ego animae tuae salutem omuemque rebus tuis prosperitatem et perpetuum domûs vestrae in ecclesia et patria, per te etiam ad posteritatem transmittendum splendorem animitus opto.

Tui amantissimus

Die quâ a me discedis 9. Junii

Anno 1645

Comenius.